造 园 丛 书

景观设计与工程

[美] 吉尔·耶肖诺夫斯基   著
      叶林·海因斯

     姚崇怀　贾　莹　王彩云   译
     吴　威　李振芳

中国建筑工业出版社

More
Landscape
Projects

景观设计与工程

导　言

当你细细品味美丽的景观时，你会发现，它是由多个景观要素组成，如植物、园路和构筑物等。这些要素有机地搭配在一起，形成了一个和谐的整体。本书中的景观工程案例将帮助你提高对各景观构件的认识，使整个庭园变得更美丽。

庭园中的每处景观都可能得到改善，如可以设置新的步道或天井来创建户外场所；或用栅栏和植物更协调地限定边界，或搭建藤架或绿廊用来遮荫，或构建户外烤架或隐蔽的园内空间来进行消遣和娱乐等。循序渐进的图片和说明以及有用的小窍门，引导你涉足工程的每一个环节。这样，尽管你不是一位景观设计专家，也没有新式特制的设备，却照样可以创建出你将在这本书中看到的无限令人激动的景观！

同一问题常常有多种解决方法，故完成工程常常有可供选择的两种方案，表明同一主题上的多种可能性与变化。另外，完整的植物和材料列表可以帮助你完成工程的筹备工作，并使你清楚地获取成功所需的所有配备和器材。

改造户外场地不是一朝一夕能完成的工作，但只要仔细研究并依照书中的工程步骤，你就能根据自己的兴趣创建一个足以让你长久自豪和愉悦的家居景观。

前期准备

本节内容提要:

在开始景观工程时，首先需要一个详细方案，要考虑到预留地具有的独特的自然特征。例如，坡度、排水以及日照度与风力，方案也应考虑现有的城市规划中的建筑物、栅栏和其他构筑物。本节将帮助你分析这些特征物，并决定是否对其加以利用。

在筹划设计工程时，将会选用一些植物材料——灌木、乔木、花以及诸如砖、木材这些硬质材料，本节将对这些材料及其用途进行一系列介绍，以方便你选择最适合的。在本节中还将介绍其正确使用的技术，以确保安全及工程完成后的耐用性。

当你阅读完本书介绍的工程时，你在木工、石工和花园设计等方面将学到新的技术。同时，使用正确的工具可以帮你节约时间与精力，达到预期的效果。本节介绍了很多工具的使用方法，有些常用的工具需要购买，而另一些租借即可。

工程准备

首先进行景观规划能解决许多问题，在工程施工以前全面而详细的规划有助于确保达到预期的效果，更好地为你服务。

有关工程施工所处区域的详细地图是很有帮助的，为了了解设计如何影响周边环境，要同时绘制出周边区域，以便掌握工程一旦施工对其造成的影响。例如，所种植的植物或新修的天井可能会改变人的行走路线或排水系统。这时，你可以用买房时所获得的方位图或实测后亲自绘制的地图，其上标明区域尺度、注明建筑位置、植物种植等，并指出诸如坡度、低洼地等这些特殊地貌，你既可以拍照又可以绘制地图。

绘制光照区、荫蔽区及盛行风向的区域，一旦有了地图，就可以在透明描图纸上设计不同的方案，逐一尝试直到找到效果最好的方案。

在开始以前进行一些调查，你将从许多角度得到启发与灵感，包括家庭装修中心、专业顾问、图书、杂志和曾做过相似工程的人。

庭院的环境

在规划你的景观工程时，对景观环境进行评估、了解庭院中光照和排水的独特性是十分重要的。

每年一定要多次估测院子的排水状况，有些场地常年潮湿，另一些则随季节而变化，良好的排水系统对大多数植物和所有建筑物都十分重要。

此外，一天中不同时刻以及全年的光照变化也十分重要，因为一个地区的日照时数不仅随着一天中的不同时刻变化，而且也随季节而变化。太阳高度角在一年中是不断变化的，如冬季太阳高度角小时的荫蔽区可能在夏天却光照十分充足。

植物选择要与庭院环境相适应，种植时，应通过标签或参考书，了解植物对光照的需求量，注明全日照的植物至少需每天6小时的直射光才可旺盛生长，半荫指4～6小时的直射光（最好是上午，因为下午气温太高），而荫蔽是指每日少于4小时的光照。

在工程施工前，绘制区域地图，包括自然及人工景观，例如植物和建筑。

在景观中标出需要改善的区域，依照其重要性列出，包括湿地和踏踩的道路。

探求可能的解决方法，从中选择最好的一个，例如，栅栏围合出私密性，挡风并有格子架的功能。

为了了解完成的设计如何在庭园中施工，将方案按一定比例缩小绘于透明绘图纸上，并铺在景观图上。

选择材料

金属装饰作主景。 用精炼的锻铁、黄铜或塑料涂覆钢材作主景，可以营造出有力度、耐用且富有艺术造型效果的景观。

选择应用于景观中的材料应权衡设计构思与现实目的，尽力使材料与房屋风格和邻居环境相协调。另外，不至于超出你的预算。如果用适合你技术和体能的材料施工，将会发现无论是施工过程本身，还是看到最后的结果都是一种愉悦和享受。

安装材料的选择要与景观特征相协调，例如，一扇质朴的乡村木门与通向蜿蜒曲折、覆盖着枯叶的小径连接，这自然是荫蔽的森林式庭院的最佳选择；高度组织有序的庭院中的砖块铺设越规整，对开敞阳光前庭的对称设计越有意义。

在学习本书中的工程设计时，不妨考虑一下不同的景观特征是如何帮你获得更为统一的外观的。一个有效的方法是选择一种主导建筑材料，例如，石板或某种木材，并且在营造景观时重复使用。

在提前规划时，记住考虑你已决定要在工程中用到的材料，通过细致修剪，树木可以塑造成更令人满意的造型，硬质的栅栏可以用常绿灌木或观花藤本加以柔化，你也许不喜欢一条混凝土步道直通你家的正门，但是如果用瓦片改良或用砖块灰泥石铺砌，就可以达到美观、持久的效果。

下一页将列出你可能会选择作为新景观特征物所用不同材料的概览，首先是砖、石块和混凝土，然后是木材，你也能找到一些使你易于获取成功的材料及工具的使有窍门和技巧。

记住，某些景观要素是用来栽种，而非建筑，乔木、灌木、藤本植物和色彩艳丽的花卉本身可以成为景观特征物，或者你也可以用它们强化或美化其他景观要素，你将发现合适的植物以适应不同的用途，但在为你的庭院购买寿命长的植物前应多向当地的专业苗圃咨询。

瓷砖。 不论是用作楼梯台阶或是庭院地板，瓷砖都为家居景观增添了迷人的色彩和气质。

塑料板。与木材不同的是，这类新型材料不会腐烂或破裂，不需要太多的维护。

乙烯基。涂有乙烯基的栅栏、栏杆以及花园设备不易生锈、腐烂或破裂，易于清理，并且不需要油漆。

种植乔木和灌木。从移栽植物上松动并拆除包裹土球所用的粗质麻布。

购买多年生植物。选择长势旺盛，地上部分健壮，根系发达的植株。

如何做
设计构思

　　看看邻居的庭院，了解他们是如何运用各种建筑材料，通过使用附近已有的材料，你便可以建造出与邻居环境和谐的景观。如果你打算在将来卖出房子的话，这将更为重要。看看与你邻接的后院栅栏材料是什么？前院中的铺砖小路、灯柱或某种类型的树木是否相同？向邻居咨询也有实际意义，那些已经解决了在景观工程中遇到过棘手问题的人常常乐于与别人分享他们在实际过程中所学的东西。

了解排水状况

水往低处流是一种自然规律。在水不易被渗透的地方，就可能有大量的地表水流动，房屋、车道、步道以及其他增加径流量的硬质表面，便可能产生排水问题。虽然不是所有特征物都有排水问题，但依然需要及早研究、改善景观条件。地表积水会引起水患或长时间的损害，例如木材腐烂或昆虫滋生，这样受危害的不仅仅是建筑，许多植物也不能在过于潮湿的土壤中正常生长。

为了评估排水问题，要在大雨时与雨后1小时分别对庭院进行检测，大水洼、步道上堆积的泥泞、草和土壤被明显冲刷掉的地方等意味着存在隐患。如果整个庭院都成为一个"蓄水池"，问题就严重了。但是，不良的排水系统更可能出现在排水沟排水经过的小区域和铺装区，自然容易形成水流。

除了坡度问题，土壤类型也影响排水，水在砂土中流动要比在黏土中快得多，如果土壤高度黏质化，干湿循环将引起地面扩张和收缩，这将危害建筑与植物。你可以增加覆盖物帮助缓解土壤湿度，而将危害减至最小。将混合肥料混入土壤也是有帮助的，地下坚硬的岩石层或坚实的下层土也会引起排水问题。

如果你认定某块排水状况差的区域，首先尝试着将它建成一座诱人的湿生植物园，如果你不想要湿生植物园，也可以重新平整土地或安装特殊排水管帮助引流多余的水。

房子周边平整。 在屋基周围平整土地，用表土更换侵蚀土壤，在屋基周围耙平，坡度应从屋基向外微倾

小路。 抬高土壤，夯成一狭道，可以减缓水流和改变流向。

手头必备：

- ▶ 表层土
- ▶ 延长的水落管
- ▶ 园艺耙
- ▶ 堆肥
- ▶ 铁铲
- ▶ 草种
- ▶ 卵石覆盖物
- ▶ 稻杆覆盖物

防侵蚀。 在你预计有大量排水处铺上一层3～4英寸厚的小石块，减少土壤侵蚀。

水落管。 如果有排水槽，可以用水落管导出水流，以保护屋基。

洼地。 耐湿植物沿路种植或石块就势铺设，这些低地像干涸的河床，既可控制侵蚀，又可作为主景加以强调。

平整低洼地。 用腐殖质填于洼地，重新播种，轻轻夯实土壤、浇水、盖上覆盖物。

如何做

测试排水状况

用简单的实验即可测试土壤排水状况。挖一个深18～24英寸、宽18～24英尺的土坑，注满水。如果水需10分钟或更快就消失了，表明排水状况比较好，土壤中有大量的砂质土；如果水需1小时或更长时间才排完，说明排水状况就有问题了，预示土壤中包含了大量的黏质土。在这种情况下，依照这几页简述的建议来改善排水状况。

注：1英寸 ≈ 25.4毫米，1英尺 ≈ 0.305米。

石头、砖块和混凝土使用指南

用表面光滑的硬质材料铺砌成步道、楼梯平台和天井，不仅具有迷人的景观，并且耐用和易于养护。一个地方留下的脚印越多，就越有可能成为石头、砖块或混凝土铺就步道的首选。用砖或石头用于步道铺装时，与其他相同材料建造的矮墙或高床看上去完美地相配，成为一个紧密联系的整体。

在构筑从车库通向大门的主道时，首先要考虑的是安全问题，常常用其中一种材料铺装。然而，某些区域不适合任何类型的铺装，在排水状况差的地方，增加硬质面积将使问题更加严重。你可以考虑在这些地方松散地铺砌些石块。另外，不要在浅根系树种附近设置铺装，例如糖槭或山毛榉。否则，无论对于步道还是天井都将造成危害。

虽然石头、砖块和混凝土的使用方法类似甚至可以说是一样的，但毕竟不是同一材料。用混凝土铺砌成的步道、天井像岩石一样坚硬。开始时并不是那样，混凝土是水和水泥材料的混合物，大多常是波特兰混凝土与像砂子一类的混合物，这些材料调配在一起形成的一种复合物。它可以直接浇筑于准备好的砂床中或塑料模具中。混凝土容易配制并可以同光滑的卵石做成马赛克，或与小石块混合成砖、石不能制成装饰品，铺砌材料即是混凝土制成的小砖块，与砖一样用于铺砌步道、小径或院落。

砖块是在窑中加热变硬的黏土制成，用于户外的砖块是经过特殊处理可以经受季节改变的影响，抵御剥落和破碎。

石块有各种各样的颜色、形状和耐久性，天然石材是形状不规则的扁平岩石，可以有多种不同的组合方式，适用于自然式步道。切割后的片石具有统一尺寸，为院落、道路提供更为规则的外观。

只要你有能力操纵一般的重物，使用硬质材料是十分快捷而又简便的工作。

平抹混凝土。将混凝土浇筑于建材市场上购买的或自己制作的模子中。

互锁铺装物。用各种颜色、形状且耐用的混凝土制成，这类铺装既有装饰效果又易于铺砌。

混凝土铺装石块。这类铺装有多种风格与色彩，例如图中所示的罗马风格。

砖块铺装。用于步道时，砖块铺装比一般砖石紧实，不易于破碎和风化。

散石和大石板，对于自然的装饰而言，石块总是最适合的，因为它十分耐用。

卵石与碎石，用来铺砌小径和改善排水状况，如果用不同的颜色，可有多样的效果。

如 何 做
保护你的背部

　　如果一旦受伤，户外装饰设计的工作就失去了乐趣，背部是最容易在同类园艺工作中受伤的，以下有几条在处理重物时防止背部酸痛的建议。

　　在开始前先做热身运动，顺势轻轻弯腰扭动。

　　不要在腿伸直时俯身抬起重物，蹲下尽力就近取东西，通过身体与腿部的伸展抓取或拾起重物。这样，你使用的是更强壮的腿部肌肉，而不是背部或手臂肌肉。

　　在必要时，可以购买一条保护性的腰带支撑腰部。

　　要记住，在物品过重或难以搬动时，要寻求帮助。

石头、砖块和混凝土的使用

为了保持庭院、走道和其他硬质表面光洁和常年平坦，常常需要建有牢固的地基。混凝土可以在浇筑处自然形成泥床，但石头与砖块则需挖掘衬有4～6英寸厚的碎石与1～2英寸厚砂的地床。铺砌的硬质地表下的地基必须十分坚固，因此，每层需用一块4×4的木料、围栏柱或捣棒夯实。在干燥气候下，土壤中有许多黏土、岩石或砂砾。砂质地基十分重要，因此应与当地建筑部门一起检测，看什么是你所在区域所需要的。

如果你不用砂浆铺砌走道或庭院，可在准备好的土床与铺装间铺上一层景观地布，不失为一种防止杂草穿过裂缝的好办法。否则，如果你用砂浆砌筑，购买灰浆混合物，用时只需加水即可。灰浆是水泥、石灰和砂的混合物，与混凝土不同，灰浆保持水分，减缓硬化过程。

所有硬质表面都需一定缓坡帮助排水，因为水大量流动时，在硬质地表边缘的植物易于利用多余的水分。

在开始前，确定你已经详细了解了每项工程的实施步骤，不要勉强自己铺砌大片混凝土或其他硬质表面，对于超过12平方英尺(约1.1平方米)的区域要寻求专业指导。在构建过程中，需要准备一个专门放置石头或砖块的地方，例如放置一块三夹板在草坪上。

手头必备：

- ▶ 卷尺
- ▶ 立柱
- ▶ 铲子或螺旋挖坑器
- ▶ 捣棒
- ▶ 砂或碎石
- ▶ 快速混凝土凝固机
- ▶ 水平仪
- ▶ 木桩和木螺钉
- ▶ 粉笔
- ▶ 凿子
- ▶ 长柄大锤

设立支柱，挖一个孔径是柱子直径3倍、深为柱长1/3加上6英寸的土坑，将坑底夯实。

切割砖块，测量要填充的区域，然后再测量砖块，用粉笔标出切割线。

2 在土坑里放置6英寸厚的碎石，将立柱置于土坑中，从上面侧入3~4英寸。

3 测定立柱是否垂直，以及是否需要支撑，依照指示加水倒入混合物中，使立柱浸于混凝土中，用土填满土坑口。

2 用一把小凿子和大锤在砖块上刻痕，凿出是砖块厚1/8深的缝线。

3 将已刻痕的砖块置于平台上，将宽口凿置于缝线上，用锤子轻打凿子数下，将砖块劈开。

如何做　混凝土使用常识

戴上厚橡胶手套，穿上结实的靴子、长裤和长袖衬衣，防止皮肤接触湿混凝土，因为它具有很强的腐蚀性，可能会伤害你的皮肤。在使用混凝土时，最好戴上安全眼镜，防止其溅入眼睛。另外在调配混凝土时，戴上防尘口罩防止吸入尘土，如果一旦有混凝土浆液溅在皮肤上，无论是直接溅入或渗入衣物，都应用水仔细清洗。一旦溅入眼睛，则应立刻用水清洗并去看医生。

要记住混凝土通过化学反应变硬，随着时间增长而越坚硬。在混合前，在一定位置上标出形状，整理好工具，在铺湿混凝土时可以达到快速而安全的效果。

木材使用指南

从建造栅栏到设置座椅的各种构造物，木材因其自然的色调和适宜性，成为景观设计中很好的材料。如果你家里是木质地板、木门或庭院中还有其他木质特征物，那么在构筑新的景点时，使用木材可以帮助协调特征物之间的风格，使整个院落更为和谐统一。

用木材建造既快速又经济，但需要长时期的维护，一旦出现裂缝或破碎部件，必须立即修复。每隔数年便需重新上漆，保持木材的美观并可以保护配件。

有各种不同类型的木材可以用于景观设计。某些木材，例如柏木属植物、雪松属植物、刺槐可以自然抗腐，纹理优美，表面光滑的雪松、柏树常用于地板、藤条、格架和棚架，刺槐适合用于栅栏，尤其是拼接围栏。其粗糙的木材纹理使立柱和围格自然朴实，浸有无毒防腐剂的抗腐木材，既保持了木材的自然色泽，又增强了抗腐性。否则在自然环境下，会逐渐变为灰暗的浮木。

拼接木质栅栏。用市场上已按规格预裁切好的立柱、横栏来完成这一工作。

像松、冷杉、黄杉和云杉这样的软质木材易于加工处理，它们不仅具有吸引力的自然色泽与质地，而且价格也常比柏树与雪松更低。由于软质木材抗腐性差，所以必须加入无毒防腐剂。为了达到最佳的效果，在切割后再涂上防腐剂，使所有表面都可以得到保护。如果你想防止木材自然腐蚀，就尽快涂上油漆，以使它尽可能长地得以保存。任何木材都可以漆成你所喜欢的颜色，来增添庭院景观的色彩，或者用洁净密封剂。如果你打算油漆木材的话，要先涂底漆。否则，当木材随温度、湿度的变化而伸缩时，涂料会裂开，甚至脱落。在气候温暖、干燥时使用油漆，则可以达到最佳效果。

木材如果暴露于潮湿环境中，将会腐化，所以不能直接将其放置在与地面接触的地方。土壤湿度会引起木材腐烂，也吸引白蚁。例如用木柱支撑门或栅栏，一定要用混凝土固定它们，或在地上安置混凝土脚架，拴牢和固定木质结构。

覆盖物。像木屑、树皮碎片这样的覆盖物用于装饰步道、衬托树木和花木，既有装饰效果，又实用。

景观木。 平刨成粗略锯成大小为 4×4～12×12 的木材可以用来构筑作高床、步道、台阶和阳台。

树枝修剪物。 用这些枝条可以制作质朴的格子棚架、藤架或栅栏，也可以用作蔬菜和开花藤本植物的自然支撑物。

花格板。 用 4 英寸×8 英尺 (约 1.22 米×2.44 米) 的格子制作易于设置的屏风，在面板上涂上密封剂、油漆或着色剂。

木质栅栏预制板。 能够简单而快速地组装成栅栏，所有你需要做的只是设置栏柱，然后悬挂嵌板。

如何做

经过处理的木材

用铬铜砷酸盐 (CCA, chromated copper arsenate) 进行处理的木材可能会渗出化学物质到土壤中，这在种植蔬菜和草本类植物时尤其需要注意，因为植物能吸收这些物质。不应在皮肤接触的地方使用这类木材，例如，野餐桌或孩子的游戏设备。可选用具有天然防腐性的雪松、柏树、洋槐以及像回收的塑料木材和乙烯树脂制成的栏板。

如果你必须使用处理过的木材，选择那些不含砷、铬或其他金属的处理过的木材为宜。

务必杜绝使用被有毒的木榴油 (toxic creosote) 处理过的枕木或电线杆。

如果你必须使用处理过的木材，应戴上口罩、手套和长袖套，避免你的皮肤在与有害化学物质接触时受到伤害，不要点燃经高压处理过的木材。

木材的使用

高品质材料和精确的尺寸是成功使用木材的关键，木工们有一句谚语：测两次，切一次。如果你是首次使用木材的新手，千万别忘记这条难得的忠告。

购买高质量的木材，检查每一块是否出现翘棱、扭曲、劈裂、大节孔及其他瑕疵。有些瑕疵可能只是装饰问题，但其他一些可能会成为整个工程的败笔，在选择上等木柱及木板时，不要怯于向木材场员工寻求帮助。

木材从建材中心运回家一定要确保安全。用绳索将材料固定在车上，如果购买量大，或者超出车的载重量时，为保险起见，最好支付一部分额外的钱用于送货上门或租赁一辆卡车。到家后，在你使用前将木材放于离开地面的干燥处。

仔细选择工程用的钉子和螺丝钉。镀锌的钉子和螺钉或黄铜制的螺钉比一般的铁钉好，不易腐蚀或在木材上产生脱色条纹。一般用比材料厚3倍长的钉子或螺钉固定，但要确保它们不会从背后穿出。在木工活中，一定不要用钉子代替螺钉，用螺钉连接更为安全，尤其是要用于挡风或其他形式活动的设计。

一个稳固的工作台对做好木工活相当有用。在你切割或安装木块时，你可以雇佣一个帮手帮你稳固木材位置。特别要注意安全使用各种锯子，在使用利器时，应戴上护目镜。

在给木材上漆前，涂上一层密封剂（依据你选择的产品可以是无色或白色），对于户外工程，使用外用瓷釉喷漆或密封剂与着色剂的混合物。

手头必备：

▶ 轴锯箱
▶ （背部加厚的）短锯
▶ 碎木屑
▶ 钳子或夹钳
▶ 电钻或钻头
▶ 平头螺钉
▶ 埋头钻

切割成角，用一个轴锯箱将木板固定，再用有特殊锯齿的短锯进行净切割。

钻裂成孔，当使用电钻固定两块木板时，选择菲利普式的夹顶螺钉。

将准备切割的木板放置在另一个稍宽的木板上，下面的木板协助短锯进行净切割。

将要切割的木板放入轴锯箱里，并将短锯竖立在角度合适的位置。若有需要，在你切割时，用钳子或夹钳束紧木块。

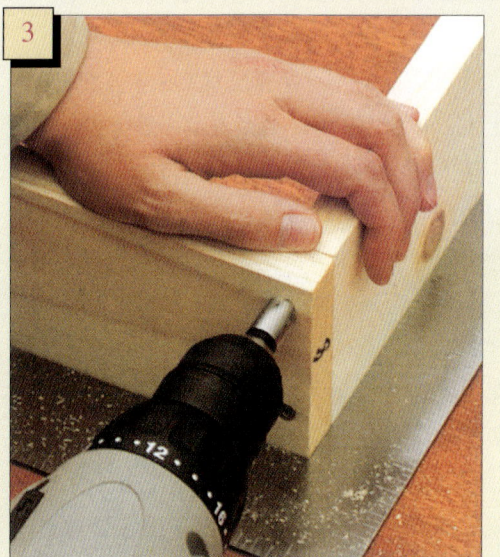

将木块装备好后，钻一小孔使之穿过两块木板，所选用的钻头要略小于螺钉的直径。

用埋头钻在木板顶部钻孔，以备螺钉头所用。将螺钉钉入木板，深度至与木板平齐。

如何做
校正锯片深度

在用圆锯切割前，先卸下锯子，检查锯身是否大约比木材厚度深1/4英寸（约6毫米），这也许看上去很不方便，尤其是当你不断改变锯木的厚度时。但为什么值得这样做呢？因为锯刃略微超出木材下面要比超出很多时所锯成的切口光洁。锯身置于适当的深度，也将使切锯工作顺利完成。锯身进入越深，在木板中越易发生倾斜，并且可能引起锯子跃起或向外弹出，导致工程受损和殃及人身安全。

植物使用指南

植物是景观工程中必不可少的组成部分，它们能为花园增添色彩、改善质地和增加情趣。植物在视觉上可以柔化铺装区与建筑边缘，将景观要素融入愉悦和谐的整体。

种植一年生花卉或树木，目睹它们生长发育的成长过程，你会得到极大的满足感。要记住的是，即使是专业园艺师能种植的植物也可能死亡，所以不要因为一些失败而失去信心。

植物依据生活周期可以分为三类，一年生、多年生与二年生。一年生植物只有一个生长季，常在早春萌发，而在第一次霜冻时死亡，在此期间，它们的花朵灿烂开放。一年生植物并不昂贵，它们色彩丰富、花型多样，且易于养护管理。一些常见的、你可能喜欢的一年生植物有屈曲花、藿香蓟、万寿菊、醉蝶花、金盏菊、矮牵牛和秋英属植物。

有些植物，如金鱼草、蟆叶秋海棠、彩叶草属植物与凤仙花为不耐寒宿根，它们像真正的一年生植物一样生长，可以当作一年生植物栽培。但在较温暖的气候下，它们常常能自然越冬，在第二年春天自然开花。多年生植物能年复一年地生长开花（虽然某些植物寿命更长），如萱草和玉簪。这样的植物属于多年生草本植物，其茎柔软，在冬季地上部分死亡。乔木、灌木也为多年生习性，具有木质茎而非柔软的草质茎。它们可以通过种子繁殖，而人们习惯购买至少一年苗龄的苗木。多年生植物的花期每年为几个星期。

二年生植物第一年长叶，第二年开花，然后死亡。因为某些植物能自播繁衍，在花园中年复一年地出现，这使它们看上去像多年生植物一样。美国石竹、毛地黄和蜀葵是二年生植物，可以播种种植或购买植株。

决定在花园中种植什么时，要考虑庭园中日照强度与日照长度，气候的干湿度、土壤类型与季节的冷暖变化等，你可以通过观察其他花园和参考当地园艺中心，或是参考园艺类书籍，掌握哪些植物能在你的花园中茂盛生长。

选择适当的植物。当选择植物时，务必确定每一种都适合庭院的环境、能在你的区域内茂盛生长。

覆盖物。用1～3英寸（约25～75毫米）厚的荞麦壳、树皮片或其他纤维覆盖物，使覆盖物距离茎3英寸（约75毫米）。

挖掘一个适当的种植穴。挖一个与植物容器同样深、但宽是其两倍的种植穴，松土但不要将底部土清出。

种植。将植物从盆中移出，根据需要，疏松根系，将植物置于种植穴中，填土并轻轻地将植物周围的土踏实。

施肥。每月在植物周围施用缓效肥，用水溶性产品可以立即使植物获取养分。

浇水。往植物底部土壤上缓慢浇水，直到土壤完全浇透，避免浇湿叶片，那样可能会引起植物病害。

如何做

分株

在有些季节，许多常见的多年生植物，例如莴尾和萱草可以从小植株长成大片株丛，株丛面积越大，植株便显得越拥挤，很快就没有足够的水分、养分和光照供应。过于拥挤的典型症状包括开花量减少、叶片稀疏或白化、冬季抗寒性较弱、种植丛中出现植株死亡等。

解决植株拥挤的最好技术是分株。用园艺耙将株丛周围的土壤耙松，将耙子在一部分株丛下部滑动，然后将其挖出地面。

用铲子将株丛切成更小的部分，再用手轻轻地将植株掰开，每部分有1到数株，但所有分开的小株丛都应带有健康的叶、茎和根，将分成的小植株种于花园中并保持一定的株行距，保证植株生长的空间。

园林工具指南

修剪工具

锋利的修剪工具在修剪嫩树枝时干脆利落。依据树枝大小选择工具，刀片式样可以是旁道管或铁砧，旁道管应用更广泛。

枝剪

手用修剪工具。一般设计包括旁道，其刀片像剪刀一样互相滑动，在刀片连着粗手柄处有铁砧，这种适于人体工学的手柄设计，使用时更为舒适并能减轻疼痛感。

高枝剪

就像是枝剪上装了一对长手柄。这种手柄运用杠杆作用使高枝剪能修剪普通枝剪无法处理的枝条。某些型号具有齿轮结构，可以修剪更大的树枝。

挖掘工具

挖掘是一项繁重的工作，因此每一项工作都须选择合适的工具，选择锋利、高质量的工具使复杂的工作尽可能简单化。

旋转挖坑器

蛤壳状挖坑器有2根12英寸（约0.3米）长的刮片和44英寸（约1.1米）或48英寸（约1.2米）长的手柄，刮片插入土中，在撤回时，将土掘起，这种工具挖出的土坑既深又窄，适合设立栏杆。

铁锹

这种工具通常就是将矩形的金属片与手柄相连，铁锹的金属部位与铲子相比，通常较长较窄，我们应选择在金属顶端有踏板的铁锹。

建筑工具

建筑工程对合适的工具要求近乎苛刻，通常需要配备合适的安全装置，并要严格按照制造商的说明来操作。

木工水平仪

这种仪器可以表示出某个物体在两者之间是否完全水平或垂直，气泡水平仪是利用封在管中的空气和液体；镭射水平仪则利用光束。

大锤

用经过冶炼的钢材做成矩形的头部，与木制的或是玻璃纤维质地的手柄相连制成锤子，其头部的重量从2.5磅到5磅（约1.135～2.27公斤）不等，可以用它来打击木桩，刻划凿痕和将石板固定在适当的位置。

特殊工具

这类工具在需要时方便而易于携带，但也许并不会经常用到它们，像压缩机这类较昂贵的工具，你不必自己购买，而可以去租用。

空气压实机

以气体为动力的压实机器可以用来为道路和院落将地基打好，它用金属板压在地面上，需要力量加以控制。

修枝锯

手锯，其刀片通常是弯曲的，一般用来修剪树枝，锯齿间的距离设得较宽以防在修枝时产生阻碍，并且在工作时借助拉力而不是推力。

撑架锯

修枝锯通常要在一根长度固定或是长度可调节的柱子上，与枝剪类似。带有机械装置的切割工具一般附着在锯子的下面，撑架锯可以修剪高达12英尺（约3.7米）的枝条。

安全眼镜

在修枝时应戴上保护眼睛的装置，特别是在修剪高出头顶的枝条时，用刚性或柔性材料制成的眼镜就可用来保护眼睛，所选择的眼镜不仅可以保护眼睛的周边区域还包括前部。

手推车

手推车用来拖运泥土和其他材料，还有混合好的砂浆、金属桶或是塑料桶等都是有用的。塑料桶更轻，也较容易清理，不会生锈，但容易破裂。

铲土耙

多用的镀锡耙可以用来挖掘，混合泥土和耙耘肥料和稻草，所用的力比铲子要小。在挖掘工具中，它对土壤结构的破坏是最小的。

园艺耙

将钢齿装在直的或是弯曲的金属梳子上，再与长手柄相连，将有齿的一面用来翻耕土壤，用平整的一边来整平土壤。

泥刀

用平整的菱形或矩形的刀片与手柄相连。用它可以将砂浆平整地涂在表面上或是铺路石和砖块之间。

灌浆浮标

这种工具就只将矩形的木制或金属刀片与木质或金属手柄相连，可用来涂平灰泥、砂浆。

白錾

单向金属工具，刀片较宽，手柄较短，刚质，与大锤一起用来切割石块和砖头。

草坪滚压机

将金属式塑料制的圆筒与长手柄相连，可用来夯实土壤修整播种床，按预定重量在其中填入水或干砂。

耕耘机

这种机器的头为秃形，由汽油驱动。主要用来耕翻土壤。前部或后部带有齿的耕地机既可以手动操作，又可以自动推进。

地面装饰

本节内容提要：

步道和天井在户外风景中是一种地面装饰，如任何一种地板，它们具有实际的服务功能。天井和平台提供户外娱乐空间，如果靠近入口，它们同样使人们轻易地找到大门并不用穿过泥泞的小路而进入室内。步道和小径连接起庭院的各部分区域，并将人们的视野引向庭院的焦点。台阶是一种改变水平地面的过道，它提供了一种更简易安全的方式来处理斜坡。

户外空间既实用又起到了装饰效果。不同的材料决定了它们或正式或随意，或质朴或优雅。你可有很多种选择，从一般的硬质材料如下层地面所用到的砖块，到地面上铺盖的朴素的树皮或砂砾；从昂贵的石板到自制的踏脚石，价格也高低不等，每一种材料都有它的迷人之处，并且为周围的景观要素增添了丰富的表观特征。

无论你选择何种材料，都要提前计划并拟订好方案，由于这些材料较重，给你自己足够的时间把它们搬移到位并放置好，把这些材料尽可能放在靠近要使用的地方，使你下面的工作更加轻松。

营造宽敞的楼梯平台

石板路作为庭院与房屋间的过渡，实用而随意。石板看起来厚实温暖，它带给任何房子甚至是新房子一种持久的感觉。石板几乎适合所有风格的房子，从传统的到现代的，从村舍到庄园。

厚实方直的石板也是最适宜于制作平坦路面的，同时也是最昂贵的。你可以花费较少的钱去购买形状、厚度不一的石头，但是你将花更多时间使之嵌合并平整。

在石板路中掺入灰浆，它将有助于增强石头的承重力及抗变性，这是小于18平方英寸（约116平方厘米）的石块所存在的问题，灰浆还有助于使其表面更平整，易于行走和稳固户外家具。由于水分不能轻易渗透到石块的缺口中，你需要设置一些区域使水从房中排出。

铺设石块时，先在约1平方码（约0.84平方米)的小区域工作，然后在铺筑下一个区域前用灰浆划区，在灰浆干透前的一星期不要在石面上行走。

灰浆嵌合的石板

为了计算出你所需石块的数量，先算出庭院的面积（长乘宽），按已切割好的石头增加10％，不规则的增加20%。

用细线和木桩界定地界，开始挖掘时，尽可能地使线贴近地面，便于引导，但不能太靠近，以免切断。

在界定区域内挖土，规格统一的石块，除掉6英寸加一砖块厚的厚度，对不规则的石块，除去2英寸。

减少已挖区域的坡度，使水从房中排出，可减少庭院中的坑洼物，用辗草机和压土机把土压实。

增加一层4英寸的碎石块，顶部铺一层2～4英寸的散砂，用耙的背面耙平。

5

在第一层浇水且使砂密实，计划好石头如何摆放，石头间间隔0.5～1英尺（约151～305毫米）。

6

混合灰浆，借助抹刀将石块嵌入灰浆中。把石块整平，然后用木槌敲击石块，使其嵌合。

7

用木工水平仪确定石头在同一水平面上，并继续嵌置下一石块，尽可能保证一次成功。

8

将按1:1混合的砂浆扫进石头缝隙中，用橡胶管淋水喷洒，使其干燥一周。

如何做
弯曲的路面

为了规划出弯曲而非直线路面，你可用橡皮软管或绳子勾勒出大致形状，然后用石灰粉标记或边挖边喷涂料，可利用不规则形状的奇石帮你达到目的，因为它易于勾勒出曲线。

备选方案

石板类型

被劈成至少1英寸或0.5英寸厚的铺路石有多种用途，不仅美观且经久耐用，也是最昂贵的一种铺筑材料，常用于步道、踏脚石和天井。

根据石头切割方法，石块边缘可以是不规则的或是笔直的，厚度一致或富于变化。选择石头时要考虑你想要达到的效果，如用直边石块铺成的道路比用不规则形状铺成的看起来要显得规整。

像石灰岩、砂岩一类的石块，多孔且吸水后结冰的话容易裂开(尽管可以用密封剂处理而阻止水分吸收)。石板的强度取决于成形时的压力与湿度，如果有天然的石纹质地时，受潮时表面不光滑，适宜于在多雨、温暖的地区使用；而板岩、青灰岩、玄武岩结构紧密、细致而无孔，受潮时平滑。

砂岩

砂岩是天然形成的硅、钙的碳化物，颜色有棕褐、粉红、棕色、蓝色和黑色，可承受从弱到强的张力。

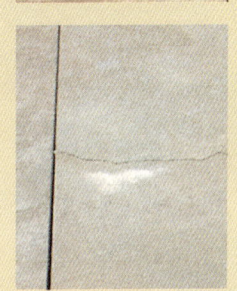

板岩

板岩结构致密，不透水，颜色有红、绿、银白、金黄、黑色和混合色，耐用并适于制成厚实的平板。

青灰岩

青灰岩是一种坚硬且不透水的变质砂岩，有蓝、绿、灰白、棕等几种颜色，最常见的宾夕法尼亚青灰岩是较软、平滑且结构较好。

石灰岩

颜色有白色、深褐色、灰色、黑色或条纹，硬质变化大，从弱到中强度，结构从光滑到多孔，可能有贝壳形纹理。

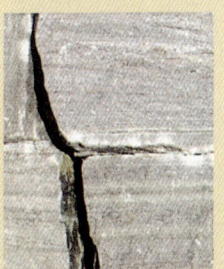

花岗岩

花岗岩是一种含有大量石英和长石的粗糙火成岩，这些玻璃状的矿石使花岗岩带有光泽，经久耐用且颜色丰富。

新砖砌步道的铺设

如果在道路两旁以植物镶边，砖块铺成的小径在园景中会更醒目，且更具吸引力。如图中所示，一条蜿蜒的步道，当它将人们的视线吸引到花草掩映处时，硬质材料与流线型的完美结合，使它更具魅力。

好的砖块铺设贯穿于庭院中而多年后也不会受损。持久耐用的走道，其铺设的秘诀就在于优良的地基。因此要花时间使地基平整坚固，尽量确保砖块水平，这样才使路面平整安全。

这种小径是用灰浆砌合的，适用于冬天气候温和的地区，使之在受冻和解冻时地面不开裂，可以大间隙砌入步道中，使路面看起来形状不规则。若要使路面具有规则的效果，可将砖块紧密铺砌。

图中这条步道中的砖块交错摆放，也就是说砖块间的间隙交错，使相邻行并列而不是一致排列。

铺设灰浆砖

确定要使用的铺砖，不要选用那些装饰砖（一种用于建房的砖块类型），因为装饰砖无法经受与泥土长时间的接触。根据尺寸大小，每平方英尺（0.09平方米）约需砖4～5块。

在实施上述工序前，需用一个装水的滚筒碾土，在一小块地面上铺上一层厚土然后使劲碾压，如果在更大面积内进行，则应考虑租一台电力夯实机。

在你开始工作前，应该请专门的公司为你安装电缆和管道。

手头必备：

▶ 园艺橡胶管或重绳
▶ 卷尺
▶ 抹刀
▶ 粉灰
▶ 锹
▶ 铲
▶ 耙

▶ 碎石
▶ 辗草机
▶ 细砂
▶ 混合泥浆
▶ 防水砖
▶ 1英寸宽木尺
▶ 橡皮槌
▶ 平板

用粗绳或软管勾出大致轮廓，用卷尺测量确定道路宽度一致，在路面两边洒上白粉以作标记。

在轮廓线内，挖深7英寸再加一块砖的厚度，用平土铲沿边切下。

耙平地面，然后在路中心和边缘垫上一层碎石，让石块倾斜，保证从管道向边缘淋水。

用滚筒夯实石块，并在其上铺一层2英寸厚的砂子，砂的厚度应与中心边缘一致，用砂子耙平。

混合灰浆。在一块3或4平方英尺（约0.27平方米或0.36平方米）的地面上操作，用泥刀在砂子上铺1英寸厚的灰浆。

将砖块嵌入灰浆中。用间隔棒将它们在地上分成1英寸的间隔，内密外疏。

用一块木板确定砖面在同一水平面上，径向的铺砖间成自然的平缓斜面。

用橡皮槌将砖块轻轻叩入灰浆中。用铲子刮去砖块间多出的灰浆。

如 何 做

碎石与细砂

碎石与细砂用量的计算：

碎石用量（立方米）＝园路长（米）×园路宽（米）×0.1米

细砂用量（立方米）＝园路长（米）×园路宽(米)×0.052米

备选方案

混合材料铺砌

铺路时可选择多种材料，其原因也很多。从实用上讲，你可先将其他工程剩下的材料用完；你也可通过将便宜与昂贵材料混合而达到省钱的目的。从艺术的角度看，你能通过不同形状、结构、颜色搭配而创造出独特的景观。

一般的铺路材料有铺路石、石板、砖块、树皮屑和砾石，将使用材料限定在1~3种内，采用简单、重复的形式，这项创意只是完成不同质地的搭配而非色彩。

一种快速用混合材料的铺砌法是将踏步石铺于裸地上，用砾石或覆盖材料覆盖，这样可使表面平整。采用这种方法，你不必像用砖或路石铺路一样备砂，但要防止杂草生长。因此，在铺砌石头前应根据园林景观的质地来选择覆盖物。

图案式园路

你也可以不用砂浆的砖块铺设成不规则的园路，可选择自己喜欢的砖块式样，从简单到几何形再到更复杂的图案，如具有装饰性的样式，如人字形或编织条纹的图案。这里展示的园路是经修整过的编织图案，砖块的间隙也会影响整个设计的基调。

砖块摆放应有间隔，这使路面给人以轻松感，静静地将人们的视线与脚步吸引到尽头的喷泉上。你甚至可以从走道上拿掉一些砖块，而用表土填充空隙并种上藤蔓草本植物或多年生植物。

你可以在1英寸厚（约25毫米）的砂床上铺砌园路，安放砖块前用喷管将砂淋湿，然后用匀泥尺测量，看表面是否平整。用橡皮槌轻叩每块砖使其嵌入砂中，最后将砂扫入缝隙，润湿使其粘紧。

为了创造最佳的视觉效果，可在涂色砖路旁种上浅色叶系植物，如花叶玉簪。相反，如果是浅色路面，为形成对比可在附近种植深色叶植物，如巧克力叶色的珊瑚钟。

自成风景的园中步石

庭院中具装饰性的踏步石可使园路更加迷人。如果你自己动手，这些园路就成为你发挥创造力的对象。步石便宜且易于加工，故可以随你喜欢地进行尝试，对于供孩子们使用游玩的步石园路，则是一项重要的工程，它们也可以作为一份精心准备好的礼物赠与园艺爱好者们。

加工石头只需几种基本材料。首先，你需要一个装混凝土的模子，以便在其干后固定位置，你可以买专用的或坚实的塑料模具，或平底、或形式简洁、或带有装饰性的形状。你也可以用家喻户晓的工具如铁平底锅，坚实平板或比萨盒子，或用花钵底的塑料托盘来做模子。做混凝土时，用各占一半的砂和水泥拌合，或从五金店直接购买。如果你不用一种带有浮雕式样的模子，则需要诸如瓷砖、大理石、碎陶瓷、彩色玻璃、贝壳或卵石的材料加以镶嵌。

踏步石的铺设

一袋约60磅（约27公斤）的混凝土可做6块石头，选择镶嵌物时，要考虑结构不平整的材料比平滑石头更坚实。当你打算走在这些石头上时，用东西铺在上面，以免淋湿后滑倒。

如果你掺入混凝土，它会很快凝固，就像坚硬的奶酪一样。如有需要，可以加入一些混凝土着色剂。

手 头 必 备:

- ▶ 防水布
- ▶ 模具
- ▶ 砂子
- ▶ 混凝土
- ▶ 手推车
- ▶ 水
- ▶ 草耙
- ▶ 泥刀
- ▶ 装饰材料，如磨石
- ▶ 平板
- ▶ 硬毛刷（非金属的硬刷子）
- ▶ 毛巾

通过模具来规划你的设计。在模具中装满砂子，按所需样式填充石头。

在手推车中按1:1比例混合混凝土和砂子，慢慢加水，使之成为粘稠混合物。

在模具中装满混凝土，用泥刀数次砍剁混凝土以赶走气泡。

赶走气泡后，用泥刀抹平整个表面。

将石头压入第一步中准备好的材料中，并使石头刚好位于表面以下。

石头嵌入到适当位置后，用一块平板整平表面。

约放置3天等模具干透，按如图所示方法扭转模具的拐角处取出脚踏石。

用毛刷平整边缘并刷掉多余混凝土，轻轻喷水并且用毛巾擦干。

如何做

叶纹步石

使用叶片，你可以在踏步石上创造人造化石的效果。无需将叶片压入混凝土的表面，只需把它们放入模具底部，待叶片伸入边缘即算完成。倒入混凝土使其干燥，然后轻轻从表面取出叶片，让那些不易弄出的叶子保留原位，气候和脚踩会使其很快磨损。

备选方案

形状各异的踏步石

你可以购买或自己制作感兴趣、或带装饰样式的踏步石。若你想自己动手，可在专卖店购买一些模具，寻找有关信息的最好去处是工艺品店、因特网和杂志上的广告（如果你想在你的踏步石中嵌入彩色玻璃，试试到那些有着收藏染色玻璃嗜好的人那里去看看）。

许多模型造型简单，如矩形、圆形或带有凸起的花卉、太阳图案，如果你找不到你所希望的形状的模具，可到厨房用品店的烘烤区去看一看做蛋糕的模具。

规划园路时，你要考虑是否在某些地方或园路中安放一些具有某些特殊形状或图案的石头，如果这些石头会给步行带来不便，可以选择一些具有平整图案的石头来营造舒适的步道。为了增加稳定性并保持石头洁净，可将它们放入约4英寸（约100毫米）深的砂床中，稍稍带有坡度的园路有利于排水。在踏步石的周围铺上一些洁净的覆盖物，例如碎树皮或淡青色的砂砾。

简易园路

铺设一条具有吸引力的园路，最简单快速的方法是使用混凝土板，你可在家用装饰店的园艺设施区找到许多样式。对于那些有特别嗜好的人，可以到石料加工厂去看看。石板形状多变，颜色则从灰色过渡到红棕色，而石板表面的光滑、粗糙，或带有印花图案、或镶嵌有各种石头等五花八门。

随手可得的各种石板可使你的设计富于创造力，尽量使用不同颜色、形状和大小的石头，石板间的填充材料可增强园路效果，例如将河砂石铺设在各种石头镶嵌的园路周围，或在光滑的铺砖路面四周铺上一层像砂砾一类的粗质材料。

这类园路极易设置，尽量使石板紧密，这样在上面行走时不会打乱你的自然步调。如果你用正方形石板并将它们呈菱形排列则更节省材料，为使你的脚落下时不至踩空，可在石板周围铺上砾石或树皮等覆盖物，使路面水平。

入口处瓷砖的铺设

用混凝土铺设的普通天井，你只需花一周的时间在其上面加上一层瓷砖，入口或步道立刻变得极富魅力。如果在混凝土上恰到好处地安放瓷砖，使混凝土路拥有一个经久耐用的路面，而且它的美观也是别的路面装饰材料所不及的。

瓷砖的使用只限于那些无冰冻、化冻的温暖气候地区，随着制造业的发展，现已有多种适于任何气候的瓷砖。铺路时应选择那些表面粗糙的瓷砖，因为一旦下雨，光滑瓷砖表面易滑而不安全。最好是平时收集一些瓷砖用来修饰路缘，装饰墙角、花坛周围等地方。

如果你从未铺装过瓷砖，一定要选用合适的工具，许多工具的售价与出租价一样便宜，铺设好以后同样有必要将瓷砖覆盖以防受损，如果有瓷砖已用密封剂处理，询问店员你可在何处购得这种瓷砖，如果没有，可用质量好的密封剂处理瓷砖以防止它被划伤和受潮。

瓷砖的铺砌

这种9英尺×22英尺（约2.8米×6.7米）的天井入口，既提供入口的指引也是休闲娱乐之园。这里将向你展示的是在混凝土地基上用灰浆铺砌瓷砖的方法。

手头必备：

- ▶ 直尺
- ▶ 锤子
- ▶ 凿子
- ▶ 硬毛刷
- ▶ 水桶
- ▶ 混凝土洗涤剂或高压洗濯机
- ▶ 粉笔
- ▶ 200块12英寸×12英寸（约300毫米×300毫米）大小的瓷砖
- ▶ 3袋50磅（约22.5公斤）重的细质泥浆
- ▶ 带锯齿的泥刀
- ▶ 塑料定位线
- ▶ 木工水平仪
- ▶ 棱形的尖头泥刀
- ▶ 2袋25磅（约11.25公斤）重的稀灰浆
- ▶ 硅胶填充剂
- ▶ 橡皮柄泥刀
- ▶ 海绵

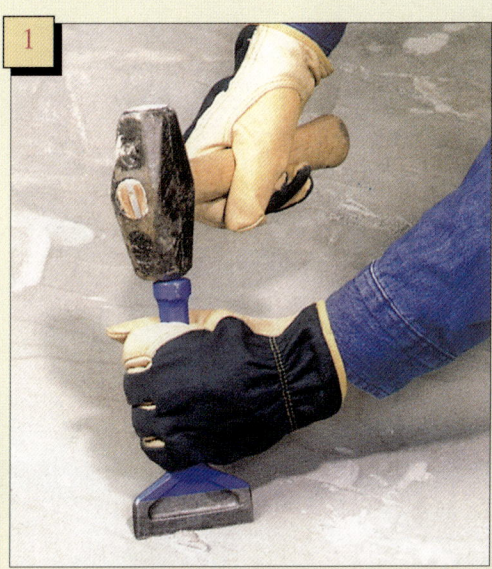

用直尺测定地基水平，用锤子和凿子弄平凸起部分，在缺损处填入混凝土。

用硬毛刷和水清洗石板，借助专用的混凝土洗涤剂或租用高压洗濯机来清除顽固的污物，让表面彻底干透。

按对角线方向在院子中心用粉笔划一条线，用几块瓷砖规划一下大致形状，不要用灰浆使其粘合。

用泥刀在一小块混凝土上铺一层薄薄的灰浆，然后用有刻痕的泥刀在灰浆中划出轮廓。

5

借助塑料平板使瓷砖平整放置，在灰浆凝固前移走平板，用木工水平仪检查瓷砖是否水平。

6

为防膨胀，在每隔12英尺（约3.7米）、边缘紧靠竖直平面的地方，铲走灰浆，并在灰浆粘合后，用硅胶填充剂填充。

7

放置灰浆24小时，用橡皮柄泥刀按45°方向将稀灰浆填入瓷砖间的缝隙中。

8

在稀灰浆完全干透前，用橡皮柄泥刀除去多余的稀灰浆，用湿海绵将瓷砖擦净。

如 何做

镶嵌装饰

　　装饰性的瓷砖可根据你所需瓷砖的式样和大小，制成任何形式的装饰物。你或许需要切割一部分，如40页图中瓷砖搭配一致，需修理一些赤褐色瓷砖边缘，你可租一个电锯来完成，你也可以在泥刀上装上一个圆锯。先用玻璃刀划线，并用夹子夹住瓷砖，切割操作时须要戴上护眼，手套和耳罩。

备选方案

瓷砖的类型

市面上的瓷砖令人眼花缭乱，在你居住的户外空间可选择几百种样式、颜色的瓷砖来供使用。从你易入手的地方开始，首先评价你所用的空间，如接受自然光照如何？有无阴影？浅色瓷砖使空间显得更为开敞明亮，与你家居和谐的瓷砖色彩会产生一种内聚力的效果。然后，估计一下你所需的瓷砖量。

切记在购买瓷砖时寻找室外专用型的类型。标有"玻璃状"或"不渗透"字样的瓷砖，或不刺目、防滑的瓷砖是你园路铺设的首选。庭院中使用的瓷砖商标品种会有各种变化，即使是同一品牌也有变化。为保证瓷砖足够，最好一次性购买，瓷砖专卖店和家庭购物中心的人会给你帮助。瓷砖可按每平方米或按盒装出售。

石砖

经久耐用、沉重，用黏稠泥土机制而成。颜色由红色到浅棕褐色，一些商家向其中加入色素以提供更多的色彩。

瓷砖

泥土制成，然后染成与砂岩或花岗石相似的仿石表面。如果你喜欢具有自然外观的材料，但又在规格与形式上寻求统一，那么它们是很好的选择。

铺砖

比一般规则的瓷砖大，用于铺设较大的区域，墨西哥泥砖的外观使其带有质朴的乡土气息，或者不规则的图案使其具有更多时尚的意味，或者是两者的结合体。

陶瓷砖

用火烧制而成的陶瓷材料制成。表面坚硬，泥土色且有稍不规则的自然表面。

人造石

人工造石是用波特兰水泥、天然粘合剂、硬质皮革色料混合加工而成的制品，人造石看起来与天然石无异，而且通常价格只有天然石的一半。

安全台阶的建造

斜坡给整个园林带来了一系列特殊的难题，因为斜坡上难以割草，并且不便于行走。如果不用稠密的植物，如用草覆盖，斜坡就有慢慢被侵蚀的危险。

与其费力地去挖凿改建不如尝试一个更简便的方法，即把它改建成台阶。这样不但能使庭院中不在同一水平的各个区域更加通畅，台阶还可以提醒游客下一个景点的方向，同时还减少了割草的麻烦。而且，台阶能显出层次感，增添园中情趣引领游人视线。

这种台阶工程较容易实施，因为铺设的变化，无须特殊的铺地材料，又没有铺装，故可让水直接渗入土中，减少排水问题。

在每个台阶前，用一种经济而经高压处理过的横木进行加固，再用砾石铺设踏板。如果愿意的话，你还可以为台阶和步道镶边，并用横木来分隔台阶与邻近的植物。

建造台阶

这些台阶是用像铁路枕木一样的横木做成，但真正的铁路枕木却用得很少，因为它们含有杂酚油，压制而成的椽木将取而代之。为防止吸入处理圆木的化学药剂，操作时须带上面罩。

手 头 必 备：

- ► 标桩
- ► 大锤
- ► 木桩 [大约4英尺（约1.22米）高]
- ► 细绳
- ► 激光或直线水平仪
- ► 卷尺
- ► 铁锹
- ► 打夯机
- ► 电锯
- ► 木工水平仪
- ► 景观横木
- ► 电锯和配件
- ► 12英寸(约300毫米)金属长钉
- ► 景观地布
- ► 金属景观地布栓
- ► 碎花岗石或大石碎片

在斜坡的顶部钉上一个木桩，并在底部也设置一个较长木桩。

将一根细绳的一端系在短桩的底部，另一端系在长桩上，以便在用激光水平仪或水平水准仪检测时确定水平。

确定所需横木量，测出从地面到长桩系绳处的距离，并划分景观横木的高度。

以两个木桩和细绳为界，标出踏板边缘和前端的位置，用卷尺测量以确保踏板宽度一致。

掘出台阶，使其高度一致，均比横木短1英寸（约25毫米）。另用土填充低处并踩实。

用电锯切割横木，在每个踏板前放置一根横木，测定是否水平，按照需要添加或清除土壤。

在每根横木尾部向下预钻两个孔，将12英寸（约300毫米）长钉通过钻孔钉入土中，用土填充横木周围空隙。

用景观地布覆盖台阶并用安全栓固定好，上面再用石子点缀，如碎花岗石或大理石的碎片。

如 何 做

景观金属栓

你可自制金属安全栓，来保护景观地布。用钳子将衣架两边弯角处剪断，得到6英寸（约150毫米）长的安全栓，将景观地布铺在适当位置，然后尽快将安全栓的尾部穿过地布插入土中。

备选方案

多荫的自然式台阶

选择当地的天然石材，可使台阶看上去宛如大自然的造化和年代的久远。在你就近的很多地方，如果你愿意的话，挖掘到土层数英尺深或用尖嘴锄或撬松岩石，你会收获很多岩石为己所用。当你选好场地沿斜坡建造平台时，你很可能会发现许多你需要的石头就在你所需位置或附近，或者，你不用挖取石头，而到当地石材场去购买本土的石材比起从其他地区引进的石板价格更为合理。

种植植物可以通过柔化岩石的硬质边缘来增加自然的效果，并且可将石台融入周围环境。选择耐热耐旱的植物，在多荫地区最好选择成年百里香、科西嘉薄荷和木本百里香等植物，因为它们能耐轻微践踏且轻微碰伤后全株散发芳香气味。在边缘脚踩不到的地方，可种上低矮一年生草花如凤仙和香雪球属植物。

灰浆砌成的石板台阶

灰浆砌成的石板台阶既规则又适用于自然式场地，在做这种台阶时，选择已切成石板的石头，这样更易相互谐调从而为步行提供一个平整的踏面。挑选多孔、表面粗糙的石板，不至于踏板淋湿后打滑。

为使台阶更贴近大自然，可在两旁种植多年生植物，观赏草本和低矮灌木，在阳光充足地方的小径会反射光与热，因此，应选择那些适于在强光、温差大或偶尔干旱环境下生存的植物。一般来讲，那样的植物叶小而厚，通常有革质光亮的表面，牧区的植物是一种很好的选择。这类草本植物如裂稃草和黑眼苏珊小檗。地中海沿岸植物，例如似黄色雏菊类的迷迭香，很适于光照充足的岩石地区。草本植物还有一个优点就是路人轻轻拂动它们就会散发芳香。将灌木种植于远离小径的地方，以使其发达的根系绕开石头，以免石头挪位。

空间界定

本节内容提要：

栅栏和墙垣也许是用途最多的景观要素。如果其结构较为致密，就可使庭院具有私密性。通过屏蔽一些不雅的景致，吸引人们注意那些好的风景。如果栅栏和墙垣密实且有足够的高度，那么安全性会相应提高。如阻止侵入者进入，而让小孩子们和宠物得到安全。但是不论多高，它们都可以创造一个可视的范围，作为其自身的焦点或者作为植物的背景。甚至你可以用栅栏和墙等将庭院划分成更小的空间，从而形成吸引人的小巧隐蔽空间，或者使起居室与公共区和贮藏室隔离开来。

当你在附近闲逛时，你会发现，栅栏的形式与材料多种多样。你可以随意地选择木材、石头、砖块、金属等，甚至是植物都可以多种方式来营造迷人的屏障；拥有如此多的选择，你可以建成一个适合自己品味意愿，预算合理的栅栏。

在营建栅栏之前要调查当地的法规并与邻里订立契约，详细说明栅栏的最高高度和允许用的材料，并从地界线向后让出一定空间。另外，如果你的栅栏需要在地上设立立柱，那么在挖地之前，需要联系当地的公用事业公司来确定埋在地下的电缆和管道的位置。

竖向空间的攀缘植物屏蔽

大多数庭院中都要有一些东西需要遮挡，如垃圾罐、空调，或者是门廊下的一些不太雅的空间。一个优秀的景观设计可以将一个问题变为一种资源，就像用藤蔓植物来装饰格子门作为屏障。藤蔓植物的色彩与质地，掩盖了门廊黑暗、空洞的空间。

格子架为花园创造了向上延伸的空间，花格架为藤本植物提供了精致诱人的背景。由此，设计时，要整体考虑而不是分散处理，这样才能取得很好的效果。

格子架与藤木植物搭配还有一些让人不易发现的好处，打开的格子门使得空气得以对流，有助于植物抵抗疾病，而且这可以去除门廊下面建造时留下的潮气和不良气味。

当你在选择藤木植物做屏障时，要考虑好是用一年生的，还是多年生的植物，一般来说，一年生的植物不会像多年生植物长的那么高，而且它们的茎也不会如多年生植物那样逐渐木质化和粗大。但是，每年你都可以选择些新的一年生植物来装饰。如果你倾向于用多年生植物，最好选择不会长得太高的种类，并且格子门能够承受其植物的体量。

安装格子架

这种格子架的安装很简单，因为它是用现存的门廊来支撑。用宽约2~4英寸（约50~100毫米）的预制格子窗。

格子窗上的窗格韧性很好，不易切割，因此你可以请木材场帮忙完成（一定要尺寸精确），如果是自己来做，应把窗格放在工作凳上或者是废弃的木板上。

测量要设置屏障的范围，将窗格按合适的尺寸切割，以确保窗格重叠部分的边界超出2英寸长。

用硬毛刷将油漆或者密封剂涂到切割好的窗格板上，两面都要刷，尤其是新切割处的表面。

用1×2的木条来做框架，切割成4条在两侧面用，4条在底部和顶部。

用钉子固定侧面，再钉牢底面，并使底部木条端部与侧面木条隔开，仔细检查确保4个角均成直角。

将窗格翻过来，再重复步骤4的操作，将窗格夹在1×2的框架中。

用电钻钻孔，然后用3英寸的镀锌螺钉将每一个窗格同支柱钉在一起。

在格子门附近的基部种植观花的攀缘植物，如铁线莲，在土壤周围中撒一些木屑以使土壤阴凉。

用织线将铁线莲的生长端宽松的绑在窗格上，借此引导它的第一次攀缘。

如何做
铁线莲的养护要点

铁线莲是园艺师的最爱，只要你采取几个简单的措施来满足它的特殊需要，它将为你展示美丽而持久的花期。

保持根部的凉爽：你可以借助一些凉性的覆盖物来完成，比如，细麻布碎片，木屑或一些类似的材料。

保持基部茎干的阴凉：为了做到这一点，一定要将铁线莲种植在中午的阳光不能照射到的地方。

增加土壤的含碱量：在酸性土壤中种植藤蔓植物，可以将一满杯量的石灰石碎末混入土壤中，以提高土壤的pH值。

备选方案

葡萄架

通过利用攀缘植物的攀缘特性，使得空间拥挤的地方种植植物且开出漂亮的花朵。只要为攀缘植物提供一些附着物，这种植物就会向上争取阳光，尽管远离地面空间，仍呈现出一派繁荣的景象。甚至在那些较为宽敞的花园里，藤本植物也扮演着重要的角色，它们所营造的垂直线与许多植物形成的水平线达到平衡。将攀缘植物密植时，它们又能形成一面具有生命的墙。攀缘植物还可限定空间，阻止来风，并且营造阴凉而又私密的环境。

藤蔓植物所需的支撑强度也因植物种类不同而异。当多年生植物长到20英尺或更大时，其木质化的枝干对于一般简易的支撑物显得过于沉重。而另一些较矮小的、或者是分枝较为稀少的植物，如一些蔷薇属和铁线莲属的植物，对大多数的支撑来说是足够轻的。一年生植物，因为它们的茎干柔软、细弱，所以也是一个很好的选择。

当我们选择藤本植物时，也可以考虑那些可以结果的品种，如葫芦类、豆类、黄瓜类等植物，它们的功能是双重的。

注：1英尺 ≈ 0.305 米

五叶地锦
Parthenocissus quinquefolia
高 40～50 英尺
适于气候带 4～9 区
生长繁茂，木本，叶中度五裂，绿叶秋天变红。春天开不明显的绿色花，果实蓝色。喜阳光充足到阴凉环境，中等湿度，一般生长在肥力中等或充足、灌溉良好的土壤中。

南非茉莉花
Jasmines angulare
高 10～20 英尺
适于气候带 10～11 区
健壮、盘绕植物，常绿，且叶墨绿色，花白色，从夏到秋有甜香，适肥力、水充足的土质，适度湿度，全光照或部分光照。

九重葛
Bougainvillea × buttiana
高 20～40 英尺
适于气候带 9～11 区
健壮、软质的常绿攀缘植物，从夏到秋有明亮色彩的类似花的苞片。喜肥力充足、排水良好的土质，喜中度到高湿环境，需光照充足，冬季部分叶片脱落。

紫叶小檗
Thumbergia batiscombti
高 6～10 英尺
适于气候带 11 区
速生的纤弱多年生植物，深绿或灰绿叶片，紫罗兰色的花，喉片黄色，全年开花。喜潮湿、排水性良好的土壤，光照或者漫射光。修剪宜在晚冬和早春进行。

黑眼苏珊小檗
Thumbergia alata
高 5～8 英尺
适于气候带 11 区
软茎多年生常绿攀缘植物，从夏到秋开橘黄、黄色、白色花。喜光照充足，排水良好的湿润土壤中。

私密性栅栏的安装

私密性栅栏是一种最为可靠的边界，既具可视性，又与自然协调，在你和你的邻居之间通过建造一个可视性的屏障来为你提供私密性的空间，它也能隔除噪声，抵挡破坏者的进入，防止小孩们到处乱转。

私密性的栅栏也是很重要的景观元素，但是如果没有装饰特色使之软化，它就会显得刻板、僵硬。这种栅栏的上部往往为花格窗，这就使栅栏本身具有了开放性和通风性。其他具有吸引力的选择方案如扇形顶，以及顶端有装饰性帽沿的立柱、重叠或交错的面板。

请精心设计你的栅栏。先按尺寸画一个略图，最好是标注出所需要的立柱数，以及立柱之间的尺寸，8英尺是所允许的最大尺度。按理想的来说，立柱应该是完全均匀一致的，但是一些不平坦的地方需要一些特殊节段（称之为"弯"）的立柱比其他的地方窄许多。挖立柱槽是设置栅栏过程中最难的一个环节，如果你有一打或者少量的柱子，一个蛤壳式的挖洞器就足够了。反之，那就可以考虑租一个强力电钻。要记住，控制它是需要力气的。你也可以雇佣承包商来给你挖立柱槽，然后自己完成栅栏安装的剩余工作。

木制栅栏

以下装置是用来制作 6 英尺高的预制栅栏的一段，利用抗压性能好的柱子或者是耐腐蚀的木头，密封（填室）或者给木料染色组成完整的栅栏。

手头必备：

- ► 卷尺
- ► 标桩和绳子
- ► 标杆铲
- ► 每一个孔洞有 0.5 立方英尺（约 14 升）的砂砾
- ► 捣棒
- ► 每个间距有一个 8 英尺高的 4 英寸×4 英寸的立柱（第一个间距有 2 根柱子）
- ► 木匠的水准仪
- ► 2 英寸×4 英寸的木板作为支撑物
- ► 每 2 个洞有一袋 50 磅(约 22.5 公斤)重的混凝土
- ► 带螺丝刀的强力钻
- ► 电镀平头木质螺钉

- ► 圆形锯
- ► 每一个间距有一个预装的 8 英尺×6 英尺的栅栏段
- ► 漆刷或者动力喷雾器
- ► 外用着色剂，密封剂或染料。

切割清单：

- ► 每个间距需要 1 个规格为 2 英尺×8 英尺的重型格构板
- ► 每个间距需要 4 个 8 英尺的 1 英寸×2 英寸的细木条
- ► 每个间距需要 4 个 2 英尺的 1 英寸×2 英寸的细木条

测量好拐角处、沿线和最后的立柱的准确位置，用标杆和细绳在标柱之间标好立柱的确定位置，确保栅栏在一条直线上。

用钻孔器打 12 英寸宽，30 英寸深的孔洞，填加 6 英寸的砂砾，踏踩紧实。

安置立柱。利用水平仪来确定立柱是否垂直，用碎屑支撑立柱的两面，再次用水平仪检查和校正立柱的位置。

在手推车里搅拌混凝土。加入 2 英寸深的砂砾在洞里，夯实，然后用混凝土填满。混凝土的上部必须有一定的倾斜度便于排水。

混凝土硬化24小时后，用木质螺钉将栅栏钉在立柱上。钉之前，用木匠的水准仪来较准其垂直面。

刨削2英尺×8英尺的板面细条，在板子的两面用木质螺钉将1英寸×2英寸的木条钉在框架上。

用电镀的螺钉将框架条钉在事先装备好的栅栏上。

将外用染色剂、染料或者木制密封剂都应用于最露在外部的表面上，尽量多涂一些，按照生产标签上的指南进行。

如何做 安装立柱

你的建筑物的强度和使用寿命取决于如何准备立柱。精心挑选木头，避免用那些腐朽木。如果将立柱底端24英寸（约0.6米）深浸泡在木材防腐液中过夜，可使其具有抗腐蚀的效果，并延长它的寿命。

另一个延长立柱使用寿命的方法是将其底端打蜡，使得湿气与白蚁都不能通过，用丙烷火把加热底端，当它开始变得很热时才开始熏烧，用蜡烛在木材面来回摩擦，直到外层全被蜡层包裹。

为了便于排水，可在一些黏质土壤或潮湿地区，在立柱基部砂砾的上面放置一些石头或砖块。

当立柱坑填满时，非常重要的一项工作是逐渐地加入少量的土，用黏土填塞，夯实土壤能保证地上立柱的稳定与安全。

备选方案

栅栏形式

当你去商店购买栅栏时，你会发现它的形式真是多种多样。你所选择的栅栏的形式影响着你庭院的私密性，为了在最大程度上满足私密性的需要，你需要选择的栅栏、至少有6英尺(约1.83米)高，栅栏的板面也需要紧密的连接，如果你不太需要它起到私密性的作用，而只是想让其引导交通，建立一个可视性的世界或者只会给花园创造一个背景空间，那你就可以在一些矮栅栏和板间有着很大空间的栅栏中选择你所需要的形式。

当然，栅栏的形式也影响着空气的流通，一个坚固的栅栏可以挡风。如果你居住在一个喧闹的地区或者如果你想享受夏日的凉风，你就可以选择这种栅栏。空气的流通对于预防某些植物的疾病是非常重要的，比如说白粉病。

对于栅栏材质的选择也需要经过一番调查研究。为了使选择容易些，你可以选择一种与你的栅栏形式相配的材质，并且要与你的房间和院子的形式协调。举例来说，在日本式园林中，芦苇和竹子能加强庭院的私密性，而劈裂的横条围栏，则给任何庭院以乡村的气息。

栅栏

栅栏的板面是由板条（也称尖板木）围成的，具有尖尖的顶端，可以保持很好的私密性。木条常常能够自然流露乡村的景致，这种构造是比较花时间的，贮木场可以提供这种用在栅栏上的材质。

交迭复合栅栏

这种栅栏板面边缘有1.5～2英寸(约38～50毫米)是交互重叠的，使得表面形成三维式结构。虽然比较耗费时间，但是建造起来后非常坚固、耐看且具有私密性。因为板面是复合的，所以当木尖用的年代增加也不会有裂口出现。

支柱

栅栏的纵板沿横板排列，私密性不强，但空气可以很好地流通。很容易建造，板面的顶端可以安排不同的形状。

交错的木板

栅栏板面的木条两面交错，满足了私密性的要求又能使空气流通，这种栅栏很容易建造，而且两面都是很有吸引力的(两面的可视性俱佳)，材料亦可广泛的应用。

金属网

4～6英寸（约100～150毫米）的铁丝绕成的网面连接在立柱上，非常自然。如果不能用来支撑攀缘植物，就不是很好的可视性的屏障。造价不贵，也很容易造，铁丝也有很多不同的规格。

园门安装

对于一个花园来讲，一个富有吸引力的园门所起到的作用远非只是作为通往你庭院的入口。经过精心选择的园门可以反映你花园的景致如何，来访者一看到你的园门就可以感受到你家居与花园风格。

在园林设计中，园门是一个很重要的景观要素。任何一个园门都是一个将景致分为两部分的自然分隔点。举例来说，它可以将公共大街从私人的地产中分隔出来，将院子的前庭与后院分开，或者是将花园从园林中的其他景致分开。在园门边片刻的停留，可给你某种细微的提示，发现下一步的景致如何。当然你也可以利用园门将园林景观连接起来，你仅仅需要协调前门和其他显要的入口处景物色彩的基调，使之形成视觉上的整体。

当你在选择通向花园或其他景点的园门时，自然首先将其作为你花园景观的一部分，你所能做的，就是按常规使其更美观实用。任何园门都要装设门锁，这可以保持你家园的安全性，防止小孩和宠物出去。

独立园门

一般来说，一个铰链式的折分门是不应当超过4英尺宽的，主要是防止中部链条下垂。选择承重性能好的铰链以保证门重的支撑，用螺钉尽可能地将金属器具钉在木头上而不要穿过另一面。

手头必备：

- ▶ 卷尺
- ▶ 铅笔
- ▶ 标杆
- ▶ 2个尾杆
- ▶ 标杆铲
- ▶ 木工用水准仪
- ▶ 铁锹
- ▶ 2袋50磅（约22.5公斤）重的混凝土
- ▶ 木门
- ▶ 2个L型号的门铰链
- ▶ 一个门栓
- ▶ 强力电钻
- ▶ 木螺钉
- ▶ 螺丝刀
- ▶ 钉子
- ▶ 锤子
- ▶ 绳子
- ▶ 水平水准仪
- ▶ 握锯
- ▶ 中号砂纸
- ▶ 抹布
- ▶ 着色剂或密封剂
- ▶ 漆刷
- ▶ 2×4尺寸的碎片支撑物。

测量园门，用所测量的数据再加上1英寸作为立杆的位置，挖2英尺深，1英尺宽的立杆洞。

将立柱放在洞里，用木工水准仪来确定立柱是否垂直，用2×4的碎片支撑物嵌住立柱。

在手推车里搅拌混凝土，并以此填充立杆洞。混凝土需放置两天。

在要装铰链的园门一侧，先预钉出几个螺丝钉的定位导向孔，然后将上部的铰链用螺钉旋在门柱上，再从底部6英寸或更上一点安装底部的铰链。

在门背对应的铰链处安装门栓，然后用螺钉将门栓固定在园门上。

在柱子上标出链铰与门栓的位置，将螺钉铆定、拧紧。注意在螺钉固紧之前用水平仪来检查园门的位置。

测定立柱的理想高度。在上部钉上钉子，用以固定拉绳至下一个立柱。保持拉绳水平，标出所要切断处的位置后，将其剪断。

固定最后的顶饰基和顶饰，将门、立柱和顶饰涂两层油漆。

如何做 终饰

当你的园门完成时，简洁和漂亮的外表使其成为你优雅的园子的一道特色景观。然而不要忘了，你还可以稍加修饰，来增强你园门的新功能和吸引力。

将带有装饰性的皮带与一串门铃系在一起，悬挂在门闩的一侧。愉悦的门铃声提示主人，有客人走进了你的庭园或花园。一定要看护好你的门铃，使其很好地保持在室外而不生锈。

一个小巧的种植盆也可系在上部水平园门支撑物上。其内填土，然后种植越夏可以开花的下垂植物。切记这种窄小的种植盆要比标准规格的窗箱种植容易干躁得多，所以浇水要勤一些。

备选方案

通道

通道的作用远远超过园门。它包括两种形式的过道，拱形通道和旋转门。拱形通道使得路径变得更加显而易见，如果通道属于长栅栏的一部分，或者是远离来访者所及区，亦或是被一些不经意的小景所阻隔，那么它起的作用就更加明显了。此外，一个结实的拱门可以为蔷薇或者铁线莲属等藤蔓植物提供支撑。旋转门的设置是为了创造一个特殊的障景。与简单的拱门相比，旋转门一旦打开，便给游览者提供门内与门外景致变化的更为具体有形的感受。

通道的材料与建立园景基调相关。一个带装饰性的白色格子架和支柱的通道适合于市郊的农舍庭院，而乡村式的园门对于用乡土植物造园的花园，或是农场风格的造园来说是比较合适的。这里展示的没有喷刷的雪松木制园门易于养护。因为雪松木抗腐，从棕色自然风化为银灰色。沿着栅栏基部种植一些地被植物，如玉簪，可以有效地解决沿栅栏的剪草问题。

藤架拱门

使用预制的藤架拱门是一种快速而不奢侈的选择。虽然这并不能有效防止宠物出入庭院，但能很清楚地向参观者表明这是个出入口。这也给藤本植物提供了一个攀缘的空间。你可以发现很多从简单到复杂的各种不同的形式，通过参观一些户外家具店、查找园艺产品目录，或是网上搜寻。你都可以得到更多的选择。

预制藤架拱门可以选择金属、木质和大规格塑料。金属藤架拱门有一种古典的空灵感，因为金属具有柔韧性。金属拱门有很细的涡旋状的刮痕，这不同于木质和塑料的拱门。当然，随着时间的推移，金属拱门也很容易剥落和生锈。

木质拱门通常由防腐的柏木或雪松木构建。你可以购买刷漆的现成品，也可自己买回涂漆再加工。比较流行的形式包括平顶的、拱形的和塔式的，很多木材需要常规的保护以防止褪色、剥落、腐烂。

由高规格的聚乙烯塑料做的藤架拱门与漆木藤架相似，远观时更是如此，看来它们是多么相似！塑料的最大优点就是价格低廉，易于维护。

生物屏障的种植

一组密植的灌丛就是一座生物的屏障。可以提供私密性与安全性，吸滞噪声，并且通过挡风来创造小气候。一个生物屏障可以是种植在一条线上的乔木或灌木，也可以由不同高度、色彩和质地的树丛组成。既可修剪成一种规则的景观，也可为自然或非规则的景观。配置时，除灌木外，我们还可以用藤本植物，使之在支撑物上攀缘。当然，高的观赏草也可以起到屏障作用。

当你选择树篱植物时，要意识到植物的生长速度和植物成熟时的高度的重要性。生长缓慢的植物需要较长的时间才能形成屏障，但是它比生长快的植物需要的修剪工作量小。

对于树篱来说，一个在视觉上更为有趣的变化是一个在交错配置的树丛中种植不同种类植物的组群。很显然像这样的组群构成的景观是很自然的，但需要更多的空间。这种形式的植物配置比简单的单列种植优点要多，屏障看起来更为牢固，形成的速度也快。你也可以把植物划分为不同的空间，以便日后修剪，即便一种植株死掉了，屏障也不会留出缺口。

生物屏障的种植

这个工程是将常绿的灌木和各种形状、颜色、质地不同的观赏草结合起来。背景为羽毛状质感的观赏草，以前景处有趣的针叶树作为补充，与常绿冬青和黄杨的呆板互补。种植空间的预留要考虑植株的生长率以及植株成熟时的尺度，这些植株的覆盖面大约长为14英尺，宽10英尺。

手 头 必 备：

▶ 卷尺
▶ 绳子
▶ 铁锹
▶ 景观地布
▶ 景观地布扣
▶ 剪刀
▶ 花园用小刀
▶ 软水管或者浇水壶
▶ 覆盖物

植物类
▶ 柳枝稷
▶ 杜鹃
▶ '中国女孩'冬青属灌木
▶ 西方崖柏
▶ 黄杨

测量并标记你所要种植的区域的边界，清理砂石、泥块和其他植被。

在花园中心挖种植穴种植柳枝稷和杜鹃，杜鹃种在柳枝稷右侧约7英尺处。

对于'中国女孩'（China Girl）类冬青属灌木来说，种植穴的位置在观赏草右侧约5英尺、前方约4英尺处。在穴内用手推车放回挖掘的土壤。

在观赏草前方5英尺处挖崖柏种植穴，在杜鹃左侧4英尺处挖黄杨种植穴。

5

在整个种植区域铺上景观地布，并用专用别针将其固定紧。在种植穴正上方将地布切成2英尺宽的X型裂缝。

6

将植物从容器中倒出，并沿垂直方向，在4个相等的方位同时修剪，约剪去其根系的1/8。

7

将植物放入种植穴中，填土1/2后，缓浇足水，再填满土，轻轻紧实。

8

重复6与7的步骤种植其他植物。缓慢浇足植物定根水，用黑色的覆盖物覆盖景观地布。

如 何
做
控制植株体量

因为西方崖柏、杜鹃和冬青属都可以长成较大的植株，所以要及时修剪才能控制植株大小。栽植时使植物的基部略宽于顶部，这样，保证整个植株接受阳光照射。对于观赏草，要在春季新的生长季来临之前离地面1英尺高处修剪。

备选方案

种植屏障植物

当选择植物作为生物屏障时，要充分考虑植物有叶的时间长短。常绿针叶树的应用较为广泛，但你也可以种植一些阔叶常绿树或者树形有趣的落叶植物。由于观赏草生长速度非常快，如果你能等到春来时修剪掉枯死的叶片，那么整个冬天都能提供很好的屏障。故观赏草正成为一种流行的选择。观赏草因其材质的变化及良好的动感效果，正好与灌木的静态互补。

你也应该考虑植株成熟后的株幅。要么给它们足够的生长空间，以至当其成熟时不至于太拥挤，或者，你也可以密植，让植株在幼龄时就形成的浓密的屏障，一旦变得拥挤时，可适当地移走一些。当然也要考虑成熟后的高度，可能的话，不要选择太高的植物，以免需要经常修剪保持其适当的高度和体量。

最后，还要考虑植物的生长率。生长快的植物形成屏障的速度也快。生长慢的植物不必过多关注其成熟后的宽度和高度，因为它们需要十年或更长的时间才能达到屏障的密度。

五针松
Pinus parviflora

高 30~60 英尺

适于气候带 5~9 区

软质木本，针叶深蓝绿色，自然式树形。红褐色球果小，具装饰性，耐盐。喜中等排水的中等土壤，喜全光条件，水分中等。多种生长慢的矮生品种。

美国夏腊梅
Calycanthus floridus

高 8~10 英尺

适于气候带 5~9 区

多分枝灌木，具光泽；叶深绿色，花栗褐色，菠萝香味。晚春开放。喜全光和凉爽气候，在温暖地区喜午后遮蔽。喜排水中等的肥沃土壤，喜中等湿度。

西方崖柏
Thuja plicata

高 70~90 英尺

适于气候带 5~9 区

高大的常绿乔木，树形塔状。红色树皮纵裂。喜全光，喜深厚、排水中等的湿润土壤。很多极好的矮小变异品种，如'墨绿'、'斑马'和'Stribling'。

'格雷厄姆.托马斯'月季
Rosa 'Graham Thomas'

高 5~6 英尺

适于气候带 5~9 区

生长快，茎干拱形，花色金黄，花瓣多层。浓香，花期晚春。喜全光条件，排水中等的有机质改良土壤，喜中等湿度。3株或多株配置效果最好。

日本金松
Sciadopitys verticillata

高 30~40 英尺

适于气候带 5~9 区

生长慢，树形塔状。暗绿色针叶长而有光泽。喜全光至半阴条件，喜深厚、排水中等的土壤，喜中等湿度。有些针叶冬天变为铜绿色。

矮石墙的堆叠

干石墙（也称作干砌）能够相互支撑在一起是靠重力而不是灰浆。这种今天依稀可见于欧洲和新英格兰乡村的古老石墙足以证明了这种构造的稳定性。

因为无灰浆将石头粘结在一起，所以当冬冻春融循环时，石墙便随着地面的扩展和收缩而自由移动。

构筑矮石墙时，你得有扁平、方形和规则三种基本形状的岩石，分别作为墙基、拐角和墙顶。等长或者长度大于墙宽的长石块，通过其径面将整个墙面连接起来；小的楔形石块用来填充大石头的缝隙和缺口处。

这种构造主要用于倚坡的石墙，其设计具装饰性，而不具备挡土墙的真正功能。这类墙应该轻倚土坡以保持其稳定性。注意每上升1英尺高应向里倾斜2～3英寸。

如果你打算在石块间种植植物，那么在你筑墙时就要考虑这个问题。这样你可以在石基添土，并浇透水。为了保持景观的自然性，植株间要保持一定的种植间隔。

稳固的石墙

这里所描述的构筑技术将有助于我们建造一个稳固的石墙，朝里倾斜的石头与其下两三块延伸的石头一起形成深而宽的基石或撑脚。

用1吨的石头大概可以筑30立方英尺（约0.84立方米）的石墙（比如墙体高18英寸，深1英尺，长20英尺）。

手头必备：

▶ 铲子或铁锹
▶ 标柱和绳子
▶ 木工用水准仪
▶ 石块
▶ 厚手套
▶ 填充土
▶ 锤子
▶ 水平水准仪
▶ 植物
▶ 泥刀
▶ 盆栽混合基质

挖掘石基，使其宽为墙高的2/3。在拐角竖立标杆，以石墙的高度拉绳，用水平仪来检测水平。

先用最大的石块铺第一层石块。

铺第二层石块，使上层石块中心位于下层两石块接缝处，并向坡岸缩进约1/4英寸。

继续往上铺石，总是保持上层比临接的下层向坡岸缩进约1/4英寸。

在坡壁与石块间的空隙填满土。为了进一步使石墙稳固，偶尔铺一块较长的石头在2～3小石头上方。

用些小石块来填充空隙处，通过敲击下面的小石块使不稳固的石块更为稳固。

用大的扁平石块铺设最上一层，使之整个覆盖。在上面的石块缝隙中种植植物，然后用盆栽混合基质填充。

对于藤蔓植物，可以在最上层石块的旁边挖一个种植穴将植株种植其内，然后用土或者盆栽混合基质填充根部。

如何做
识石性

按照传统的方法，石墙用当地岩石铺成。用易于找到的材料构筑既经济实惠，又能与自然景观协调。你可能会找到3种石头，不规则的碎石、最难协调的圆卵石和称之为琢石的最易堆叠的均匀切割石。粗大的方石是不安全的，既不如琢石的平坦，也不如碎石的自然。

备选方案

种植岩生植物

种植在树木线上的高山植物，是最理想的模仿自然的岩石园植物。由于高山植物适应岩石缝的生长环境，它们是有抗性的岩石园植物的首选。高山植物能适应岩石白天吸热快、晚上冷却快的气温剧变，能耐瘠薄、干旱的土壤。高山植物通常有长的根系，吸取土壤深层的水分，即便土表干燥也无多大影响。

除了高山植物外，其他一些植物也适合于墙垣间生长，像一种屋顶长生花（雏菊的变种），这类植物并不需要太多的养护，且能快速穿透狭小的石缝。其他一些植物也可美化石墙，如小的春植球根、草本植物和草莓类等，如果你不太确定你所喜欢的植物是否适合在岩石园种植，先看看这类植物共有的适应岩生环境的基本习性：茎细而硬，蔓生或株型紧密，体量小，花小而多，叶厚有毛呈浅灰色等特性。

蚤缀类
Arenaria spp

2～3英寸高

适宜气候带4～8

生长缓慢、生长强健的地被花卉。叶线形、亮绿。花小、白色。春夏开花。喜全光、耐贫瘠和石质、排水良好、酸碱适中的土壤，浇水适中。有一定入侵性。

海石竹
Armeria maritima

4～6英寸高

适宜气候带4～9

植株丛生状。叶线状，暗绿色。花梗坚挺、花鲜亮、粉色，春夏开花。喜全光，喜中等排水的中性土壤。宜用石子或砾石覆盖。耐盐。

科西嘉薄荷
Mentha requienii

1.5～1英寸高

适宜气候带5～9

生长缓慢的宿根花卉。叶小、暗绿色，有胡椒味。花紫色，夏季开花。喜荫蔽或有光斑的环境，喜有机质如泥炭改良过的湿润、排水良好的土壤。

少女石竹 '北极火'
Dianthus deltoids 'Arctic Fire'

4～6英寸高

适宜气候带4～11

生长缓慢的宿根花卉。叶短、草质状、绿色。花小而华丽、红紫色，夏天开放。喜全光、排水良好的中性至微碱性土壤，宜用石子或砾石、而不宜用有机覆盖物。

'金叶'欧石南
Erica cinera 'Aurea'

垫状灌木，叶针状，常绿。花筒状，花红、粉、白等色，夏秋开放。喜湿润排水良好的酸性土壤。喜全光和中等湿润环境。品种繁多，如'金叶'等。

荫蔽环境的创造：空中结构

本节内容提要：

夏日里一片凉爽的荫蔽仿佛是一片令人欣喜的绿洲，让人避开炎炎烈日。即便在室内享有空调，看到荫蔽仍然是一种美的享受。如果你有幸拥有一个具有自然树荫的庭院，适当的修剪遮荫树可以更好地保持和提升荫蔽的环境。如果庭院中缺少树荫或者你仍想要更多的树荫，可以构建遮荫小品建筑。例如藤架或绿廊，然后用纤维条或快速生长的藤蔓物覆盖其上，构建遮蔽类廊架时，你可以选用多种材料，如木材和轻便牢固的尼龙等。随着所用材料的不同，表现的效果或质朴或典雅，或古典或现代。

在你构建廊架产生树荫和光斑时，记住你的构筑物将有可能阻止光照、水分到达覆盖物下面的植物。即使是半渗透的覆盖物，你也需要给植物浇水。还要考虑建筑是否会阻挡微风。除非你生活在强风地区，这样的环境才需要既能挡风又能遮荫的建筑。要保证构筑物的开口朝着夏季风的方向，以保证自然通风。

自然树荫的利用

在炎热的夏季，树荫是无价之宝，没有比这更感舒适惬意的了。有树荫的房屋夏季凉爽，且节省空调费用。在树荫下生长的植物叶片比全光下失水要少，因此浇水也较少。而且树荫也提高了房产的价值。

为了创造可供树下休息、娱乐的遮阳篷，你需要进行深思熟虑的精心修剪工作。仔细审视你想要创造遮荫的区域，确定有可利用的树冠。在修剪壮年树时，剪除死亡枝、病枝或被损伤的大枝。也包括那些拥挤的枝干，还要剪除与建筑或公用设施如电线靠的太近或阻碍主要视线的枝条。

在修剪时要记住以下基本的安全原则：戴上保护镜；只剪除用枝锯或横架锯从地面上可以触及的树枝；在需要更大的锯机或爬树时，雇用有树木服务许可执照的人；不要用链锯锯头上的枝条。

树冠修剪

修剪大枝要用"三锯法"，可以防止树枝的重量损伤树皮。修剪小枝要求的步骤少一些。但仍需要注意切锯的位置与角度。

选用修剪工具依据大枝的直径。超过2英寸粗的枝条用枝锯，达到2英寸的树枝用枝剪，3/4英寸以下的用手锯。要养成修剪时戴护目镜的好习惯，尤其是锯头顶上的大枝。在开始前，确保工具是锋利的。修剪之后，不要油漆伤口，以免影响伤口修复。

这些技术指南不完全适用于果树。因为果树的修剪技术复杂，有不同的修剪方式。

手头必备：

▶ 弓形锯
▶ 修枝锯
▶ 枝剪
▶ 手工锯
▶ 护目镜

将弓形锯置于距树干1英尺的大枝下侧，从下向上锯，深度略少于枝干直径一半。

将锯置于枝上侧，在距离主干比前一锯口远离主干2英寸处从上向下锯，直到把大枝从枝上折断。

锯掉剩下的树桩，在领圈即枝干连接处向上锯，锯深少于枝直径一半。

从上向下，锯下树桩，确保不要锯至领圈，因为领圈帮助伤口愈合。

用修枝锯或高枝剪剪除小枝条，在领圈外剪去枝条，留下一短梢，注意不要损伤领圈。

剪除向树内堂生长的枝条，用枝剪或高枝剪剪去小枝，用修枝锯锯除大枝。

枝条相互摩擦会削弱树势，清除向内堂生长的枝条或病枝、受损伤枝。

在生长季中期，与毗连枝成小于45°角的幼枝上挂上一些1磅(约0.45公斤)的重物。

如何做
何时修剪

冬季是修剪落叶树种的最佳时期，不要在春季长新叶时修剪。因为这时树液开始流动，可能会产生病害。不要在秋季正落叶进入休眠期前修剪，因为新生枝太柔嫩不能抵御冬季的寒冷。

避免从晚冬到早春修剪榆树与栎树，因为此时最容易传播荷兰榆病与栎树萎蔫病。

修剪春季开花的乔木与灌木（例如山茱萸与李）应在花谢后，修剪夏季开花的乔木，灌木应在春季开始生长前。

在任何时期都应剪除死枝。

备选方案

良好的遮荫树

怎样才算是一棵良好的遮荫树？可能最明显的标准是它必须具有足够的高度可以提供遮荫——至少30英尺。生长较迅速且寿命长，可以让你和你的子孙都能享受阴凉。对于邻近建筑与铺砌区的树，整齐的外观也需考虑。一棵良好的遮荫树不应有肮脏的果实或容易落下的枝条。如果在其下面种树甚至养草，应避免稠密树冠或浅根系的荫蔽树。

除了这些因素外，要选择适合生活环境的树木。某些遮荫树适于干燥土壤，而另一些需要较多的水分。遮荫树对于污染和都市建筑的忍耐力有所不同。要考虑树成年后的大小和体量。然而许多树木种类生长慢，长时间保持矮小的株型，另一些则生长过快以至不适合环境。

在以下目录中，都是落叶树种。在大多地区落叶树都有其优势，因为落叶树可以让冬季的阳光温暖树下的建筑，而且春天的阳光可以照到水仙以及其他春栽球根类植物。

河桦‘遗产’
Betula nigra 'Heritage'
　　株高30～50英尺
　　适于气候带第4～9区
　　树形美观、茁壮，常多干，树皮微红褐色剥落状（exfoliating bark）。抗虫、耐热。叶片绿色，具光泽，在秋季变黄。喜全光耐半阴，喜湿润但不耐水淹。

连香树
Cercidiphyllum japonicum
　　株高50～70英尺
　　适于气候带第4～8区
　　连香树，叶宽，小的心形，在秋季绿叶转为红褐色。喜全光照到稍遮荫，喜深厚，排水良好的微酸性土，喜中度湿润。防风树种。

红栎
Quercus rubra
　　株高60～80英尺
　　适于气候带第5～9区
　　树形美观、茁壮，叶绿色，光滑，树皮具黑色裂缝树皮。喜全光至略荫蔽环境，喜深厚、排水良好的酸性土壤，喜中性湿润。叶片在秋季变红褐色。

菩提树
Tilia Cordata
　　株高50～70英尺
　　适于气候带第4～8区
　　树形美观、叶小，圆冠状，深绿色。花小，黄绿色，有芳香，在晚春到早夏悬挂于叶片下。树叶在秋季变黄，喜全光照耐半阴，喜排水良好的湿润土壤。

香槐
Cladrastis lutea
　　株高30～40英尺
　　适于气候带第4～9区
　　体量中等的树木，叶绿色，在秋季变黄，春季开花，花白色，像紫藤状，悬挂于树上，芳香。喜全光；排水适中的土壤，喜中度湿润，防风，耐冬季修剪。

花架的设置

藤架是农舍花园复古的一种古典建筑形式，如今就像别墅花园一样重新流行而受到欢迎。开敞的藤架提供过道，是通往庭园其他部分的过渡。在其下面可设有长凳，当覆盖攀缘植物时，可以提供一个欣赏庭园的私密处。无论何种风格的藤架都提供遮荫，将藤架与栅栏连接尤其有效，因为这种组合的造景会产生连续感。要避免在庭园中央孤立设置藤架而不与周边其他建筑或花园连接。

藤架在一年中任何时候都富有吸引力。冬季，当周围景观处于休眠时，就成为视觉的中心；在生长季中，当被藤本植物装饰时，尤其具有吸引力。虽然藤本月季是典型的藤架植物，但其他常绿藤本植物以及速生的一年生植物、藤本植物也能装饰藤架。

为了确保藤架可以保持多年，用一些抗腐或高压处理过的木头，将藤架牢牢地固定于混凝土底部。如果藤架在栅栏附近，可用高质量的抗腐机器部件将其与栅栏连接几个位置。

构建木质藤架

当 为拱架切割时，标注出 2×12 的规格，直线式藤架用直线连接，拱形藤架以曲线连接。

手头必备：

- 4根4×4×8的柱子
- 木桩
- 螺旋挖坑器
- 卷尺
- 碎石
- 捣棒
- 水平尺
- 支撑用的小木条
- 混凝土
- 2块1×12×8的木板
- 铅笔
- 垫状或传带磨砂机
- 中等粗砂的砂纸
- 2个2×4×8的柱子

- 电钻和钻头
- 3英寸长的木钉
- 2个4×4的柱子
- 6英寸长钉
- 铁锤
- 2扇4×8格子窗
- 12根1×2×8的木材
- 2英寸木质螺钉
- 悬垂布
- 外用油漆或着色剂
- 3英寸刷毛的油漆刷
- 月季

立柱标出4英尺×8英尺的区域，挖30英寸深的桩穴，将碎石倒入每个土坑6英寸深，夯实。

用水平仪检查木桩是否垂直，然后用小木条支撑，混合混凝土，距顶2英寸填充桩穴。

在每块2英寸×12英寸的木板上标出中心，在中心距离底部6英寸处标注，从底端拐角处，测出距中心6英寸处并标注。

从切割线下连接标注点，如图所示的弯曲。标出宽6英寸的平行线，沿线与砂子标注切割。

在距拱架 1¾ 英寸处水平放置 2×4 的标桩，检查水平。钻孔，用 3 英寸的木钉连接在一起。

在柱上量出距离地面 6 英寸的位置并作标记。先钻孔确定好位置后，插入木钉并使其穿透柱子，切割出 4×4 的规格，其尺寸刚好适合柱间安装，并用 6 英寸长的铁钉连接。

将拱架安装在柱子上，留出 2×4 的接头。预钻孔，定准木钉位置，并使之穿透拱架，用 3 寸长的木钉与第一个标桩连接。

两边都用 1 英寸 ×2 英寸木条将 4 英尺 ×8 英尺的格子架装框。预钻孔，定准木钉位置，并用 3 英寸长的木钉和拱架连接。

量出拱架间距，等距离地标出其位置，用 2 英寸长的木钉安装中间板条。

涂两层外用油漆或着色剂，等漆完全干透后才能种植藤本月季。

备选方案

人造荫蔽

在需要荫蔽但又没有高大树木或攀缘藤本植物提供时，你可以用遮荫布（荫帘）创造荫蔽环境。遮荫布一般是由油麻布或帆布制成。虽然帆布可以反复使用，但却难以找到。现在大多遮荫布是合成纺织品制成，与帆布相比优点更多：更轻便、折叠更紧凑、在拉长后不变形、防霜且耐撕扯、易于清洗、阻挡紫外线、防水、透风等。故下面的温度不会升的太高。

大多备用的遮荫材料安置有边缘加固的金属圈，你只要通过金属圈或把织物系到藤架、绿廊、金属框架或其他建筑上。遮荫材料可以选用白色，也可用黄、蓝等亮丽的颜色。为防止在织物下温度上升，应选择浅色为宜。

人工合成的遮荫材料可以在园艺产品供应目录单上获得所需的各种尺寸，因为它们也可用于温室产业。从事娱乐与运动场设备的公司也能提供。

藤本月季遮荫花架

覆盖月季的格子架具有不可抗拒的诱惑力。除了色彩与芳香以外，也有很实际意义：提供遮荫。因为藤本月季的长茎需要支撑，藤架是一个理想的支撑，尤其是用于支撑修剪过的藤条。

藤本月季在一代又一代人中受到青睐，现又开始流行。主要选择花期长、花大且抗病的品种。藤本月季分几类，最常用于藤架的是蔓生品种，它生长快，在繁密的株丛中开小花。大花的攀缘品种，生长慢但花大。

蔓生月季在新枝上的花开得最好，因此，花谢后，在夏天剪去地面上1/3的老茎干。用有弹性的绳子将新枝系在藤架上。为了使观花效果良好，可将枝条修剪成水平状。对于大花藤本月季要等几年再修剪一次。因为它们在老枝上开花。当植株到了你理想的高度后，在休眠期中修剪。将蔓生植物的新枝系到藤架上。

藤架

藤架是一种类似凉亭的建筑，以支柱或木桩交叉支撑屋顶。其上的蔓生植物通过修剪可以创造凉爽、遮荫的凉亭。

像藤架这样极具吸引力而构造简单的建筑往往是庭园的焦点，引导游人的视线至更远。因为藤架有开敞的顶与两侧，光、空气和水都可以通过。它可以大到覆盖整个天井或小如左图所示，使游人穿过藤架漫步于庭园中。

虽然藤架在任何季节都是视觉焦点，尤其是在夏季上面覆盖攀缘植物时。这些植物又能产生惹人心动的遮荫。冬季，藤架也能增加乐趣。

多年生植物，例如月季，常种植于藤架旁。因为它们每年都能萌芽生长。如果你喜欢尝试，可以考虑种植一年生藤本，这样，每年给你不同的感觉和体验。如果你的藤架足够大，就可以两种类型一起种植，两侧各种一种。

木质藤架的构建

下 面介绍构建一个 7 英尺高、6 英尺宽、6 英尺深的藤架。为了方便，在竖立支柱前，先构建周围。虽然木桩是建立在砾石与泥土上，但也可以考虑用混凝土填充桩孔。

手 头 必 备：

- ▶ 卷尺
- ▶ 铅笔
- ▶ 方形框
- ▶ 4 根 10 英尺长 4 × 4 的柱子
- ▶ 6 根 68 英寸长 2 × 4 的横杆
- ▶ 木钉
- ▶ 电钻与钻头
- ▶ 螺旋挖坑器
- ▶ 4 立方英尺的 碎石
- ▶ 铁锹
- ▶ 夯

- ▶ 水平仪
- ▶ 碎木条
- ▶ 45° 角尺
- ▶ 轴锯箱和锯
- ▶ 4 根 8 英尺长 2 × 10 的横梁 端顶 倾斜 30°
- ▶ 4 根 30 英尺长， 2 × 4 规格的支 柱，曲柄倾斜 45°
- ▶ 6 根 7 英尺长 2 × 4 的椽

将支柱并排平放于一平坦表面。从上部开始测量，跨过 4 根支柱分别在 30 英寸、48 英寸、66 英寸处划线。

在每对支柱上，用木质螺钉在 3 个标记处竖起围栏，两边形成有 3 根围栏的梯格结构。

测定桩基的 4 个位置，然后挖 30 英寸深、12 英寸宽的桩基，每部分离中心支柱间距 6 英尺。

在地基中加入 6 英寸的砾石或石块，夯实。将支柱置于地基中，用水平仪测定支柱与围栏，然后用碎木料支撑。

用3英寸厚的土壤与砾石填坑，在末端以2×10进行斜切，用木螺钉连接支柱顶部。

直向连接每一根支柱，内角为45°，用木螺钉将其末端与顶部横木相连。

距离末端8英寸，沿下侧2英寸处将2×4的椽置于2×10的顶部横木上。使其末端延伸至与各边相连。

将另一根椽置于末端8英寸处，保持椽水平，用木螺钉固定。

如 何 做

选 址

因为藤架是一个重要的景观特征物，所以它的位置要多加考虑。它应该与周围区域相协调。如果你一时难以想像最后的效果，就在你选中的地方做一个临时藤架。在考虑搭建藤架处插入4根立柱(例如用来固定围栏的金属杆)。在顶部交叉系绳索模拟屋顶。然后从各个角度观赏其效果如何。既要注意与场地相适的形式，也要注意看到框景的效果。

备选方案

藤架植物的选择

藤架常是花园的焦点，但它仍需要选择合适的藤蔓植物覆盖，以此来遮挡强烈的日光。例如，种植葡萄就可以很容易地创出"旧世界"(Old World)的古典氛围。在后院中种上一些具有与众不同叶片与垂悬的果实植物，你的庭院又变为地中海庄园的夏日花园。

　　或者也可以在棚架上种上如'马尔麦森的纪念品'('Souvenir de la Malmaison')一样的古代藤本月季品种。与坐在悬垂的粉红色的花海下相比，这样显得更加浪漫，而且空气中充满了芬芳。

　　在选择覆盖廊架的藤蔓植物时，要考虑到植物各自的特点，以及是否给在廊下漫步带来不便。例如，蜜蜂是一种重要的益虫，但如果棚架上的植物周围飞满了嗡嗡的蜜蜂，在下面休息的人会不自觉地有紧张感。有的藤蔓植物会落花落果，这样显得很脏；或者有的刺太多，比如黄瓜。而紫藤那样生长快、体量大的植物又会缩短绿廊的使用寿命。

　　有些植物因有卷须或吸盘等攀附器官，具有很强的攀缘能力；对其他一些匍匐型植物则需设立支架或将其固定。

攀缘八仙花
Hydrangea petiolaris
　　株高30～50英尺
　　适于气候带4～9区
　　木质藤本，茎粗短，坚硬，外覆可脱落的月桂色树皮，叶片绿色、心形，白花平盘型春天开放。喜光耐半阴，喜排水良好、有机质丰富的土壤，喜适度湿润。

'马尔麦森的纪念品'藤本月季
Rosa 'Souvenir de la Malmaison'
　　株高10～12英尺
　　适于气候带5～9区
　　古老的藤本月季品种，茎强健，花大、重瓣、红色或粉红。喜光，喜排水良好的肥沃土壤，喜适度湿润。花后追肥，休眠期修剪。

爬山虎
Parthenocissus tricuspieata
　　株高40～70英尺
　　适于气候带5～9区
　　落叶藤本，叶深色，叶形与枫树相似，秋季变红。喜光且耐阴，喜排水良好土壤，喜适度湿润。许多变种，全日照下生长时秋色叶最佳。

贯月忍冬
Loniera semperviens
　　高10～12英尺
　　适于气候带4～9区
　　木质藤本。叶对生，深绿色。花管状，黄色或红色。花期从春季到夏季。喜光耐半阴，喜肥沃、排水良好土壤，开花易吸引蜂鸟。

茉莉
Mandevillea laxa
　　株高10～15英尺
　　适于气候带10～11区
　　叶色深绿、长心形。花红色、管状、浓香，花期夏季到秋季。喜全光但中午需遮荫；喜潮湿、排水良好的土壤。

娱乐设施的准备

庭院最大的好处是提供一个玩耍、休闲、娱乐的场所，而一片大的草坪对于户外娱乐是不可缺少的，它为你的家人和客人提供一个柔软、凉爽且富有吸引力的场所。如果在草坪上要进行大量的活动，则要选择一种或多种耐践踏的草种。

对于孩子来说，有一个户外游戏场所特别重要，理想的活动场地既安全又要富有乐趣，并且要与周围的景观相协调。如今，多样的休闲娱乐设备使你拥有了可以充分选择的余地，让你轻轻松松就能建起一个有利于孩子们进行健康积极的，充满创造力的游戏场所。

儿童游戏屋是一个独一无二的神奇游戏场所，它充满了孩子们的幻想，但也没有必要为带给孩子们冒险感而将其修得高于地面太多。相反，按照普通的方式来建造，则既可以保证其使用寿命，又可以使孩子们更安全。

对于成年人来说，没有什么比躺在吊床上更能让人放松的了。可以用绳子缠绕树干将吊床绑在树上。而不需要用螺丝钉在树上钻坑。以免病虫害入侵树干。不再使用吊床时要及时将其取下，以免绳子勒伤树干。

儿童游戏屋的创建

如果庭院中有专为孩子们设置的游戏区，你就不必再设置那些与整个景观环境不相协调的游戏设备。相反，你就可以布置一个既与环境相协调又受孩子们欢迎的游戏区。

市场所出售的游戏设备种类应有尽有。因此你可以选择那些能弥补房屋和景致的不足的设备，使整体效果更显完美。例如，对于一栋现代风格的房子，你可以选择那些由彩色金属和其他材料制成的设备。而对于一栋具有乡村特色的房子来说，则更适合用木制品。当然，还要考虑到估计装配的简易与耐用性。如果孩子还小，则应设置可以随他们长大而变化的器具。

使游戏场融入庭园中并不太难，安全性是第一位的考虑因素。当你选择缓冲材料时，应使其与整个景致相协调。例如，在自然式布置中可以选用碎木屑，而在一个富有想像性虚幻色彩建筑风格的花园中，则要以选用橡皮碎末。在周边区域中可以种植植物，创造一种从游戏区到花园的视觉转换。但要选用耐修剪的植物，并注意不要种植在游戏区的出入口处。

游戏场地的准备

你所使用的缓冲材料的种类和深度取决于游戏设施的高度。最好的减震器是可循环利用的橡胶碎屑、豆砾石和树皮碎片。再铺以优质的砾石和细砂，在绝大多数的情况下，游戏设施的高度不超过5英尺（包括秋千摆动的最高点）。因此任何一种减震材料有6英寸深便足够了。如果是更高的设施，则最好使用9英寸深的材料。

从邻近的树上修剪危险、过于伸出的树枝。大枝条用锯子锯除，小枝直接用枝剪剪除。

将地面充分整平后用地布覆盖。将皱褶抚平并用别针将其固定。

手头必备：

▶ 枝剪或枝锯　　　▶ 多功能刀
▶ 割草机　　　　　▶ 屋面钉
▶ 景观用地布和钉　▶ 游戏设备
▶ 景观木材　　　　▶ 轮或套筒扳手
▶ 电钻和钻头　　　▶ 砂纸
▶ 铁锤　　　　　　▶ 砂
▶ 长钉子　　　　　▶ 园艺耙
▶ 橡胶水管　　　　▶ 碎树皮屑覆盖物

在周边设置景观木材。选择的木材用无毒的木材防腐剂进行处理或选用抗腐蚀的木材。

在每根木材的末端以向下倾斜的角度钻孔，用锤子将铁钉通过孔钉入地里，将木料固定。

按木材的长度将橡胶软管纵向切开。用它将木材的边缘包住，并在合适的地方用钉子固定。

按厂商制造说明书要求小心安装游戏设施。将连接器拧紧，边缘整平，把装置牢牢固定在地面上。

在游戏场周围铺设3英寸厚的干净细砂，并将其用耙子理平。要保证砂子洁净，不含有任何污染物。

在砂床上覆盖3~6英寸厚的碎树皮或树皮屑。覆盖物在游戏设施下逐渐堆积变厚。

如何做
安全安装游乐设施

游乐设施十分有趣，而且能给孩子们一个积极活动的机会。为了保证孩子们玩耍时的安全，要遵循以下几条原则：

· 在孩子玩耍时小心照看；

· 在抬高的游戏装置旁安装护栏；

· 保证所有的开口小于3.5英寸或大于9英寸；

· 游戏设施间的间距至少不小于6英尺；

· 钉紧所有的钉子与螺丝；

· 要为在阳光下可能变热的设施提供遮荫，例如滑梯。

备选方案

浪漫的花园秋千

游戏区可以布置得既有装饰性又实用。在花园的凉亭旁挂上一个简单的秋千就能营造出一种浪漫、怀旧的气氛。

秋千不仅适合孩子们，而且它也受到成年人的欢迎。因此，整个装置的框架必须十分坚固，足以支撑几百磅的重量。一个结构简单的金属秋千就可以满足要求。为了安全起见，框架的支柱部分用混凝土固定。使整个结构与花园融成一体，再在上面密集覆盖生长迅速的藤蔓植物，适宜的植物包括牵牛花、黑眼苏珊小檗、铁线莲等。

如果你想要比带金属链塑料秋千更为怀旧的风格，可以用牢固的尼龙绳将其固定并用平滑的木板当坐垫。如果秋千是给孩子们使用的，则用塑料坐垫和金属链更安全，这样不易滑落。在金属链外包上塑料软管防止夹伤手指。

秋千下如果有一层柔软的地被，不仅为活动提供了安全的底垫，而且还免去了割草的麻烦。一层厚厚的碎木屑或其他可展现自然风貌的地面覆盖物，都能满足花园设施的要求，可可壳就是一个不错的选择。

神秘的城堡

如果孩子的游乐场能够远离成人设置在树上，它将成为一个珍贵的儿童乐园。在这里，孩子们可以进行各种新奇的游戏，这将成为一种难以忘怀的记忆，这样的"城堡"可以带给孩子们神秘感和私密感。而当它设置在高出地面的地方，这种感觉就更强烈了，即使是只高出地面几英尺而已。

将城堡设置在高灌木的后面可以起掩蔽的作用，同时还能给人一种错觉，让人以为城堡建立在树顶上，而实际上它的高度并不会带来危险。它还使孩子能以一个新的角度来观察各种鸟类和松鼠。为了安全起见，修建时应避开有荆刺或会招引蜜蜂的植物。

"城堡"可以十分简单，孩子们甚至可以自己设计与建造。你可在每一边使用结实的模具，将底部的砂整平。用锤子将突出的钉子钉牢，用结实的底座牢固地连接各边。在城堡上方加上一个帆布顶，不仅可以保护在城堡中玩耍的孩子，而且还能延长使用寿命，因为它可以防止雨水的浸泡。

大草坪的建植

绿色草坪可以舒缓眼睛的疲劳，但它的实用之处更胜于美观。因为草坪和其他植物一样，能通过蒸腾作用，在夏天起到凉爽降温的效果。草坪还为各种体育活动提供了一个柔软舒适的场所，并有水土保持的效果。

不同类型的草种，适用于北美的不同地区。例如肯塔基兰草、多年生黑麦草和某些羊茅属等冷季型草种适用于北方地区。而在南方，则适于用暖季型草坪草，比如奥古斯丁草、结缕草，杂交狗牙根。如果要进行草种的迁移，比如将北方草种移植到温暖地区，或将南方草种移植到寒冷地区，草种需要时间来适应环境。当地园艺家们会指导你选择最适合当地环境生长的种类。除了气候因素外，还要考虑草坪所能接受的日光量，某些草种会比其他的更为耐阴。

下面是关于草皮铺设的说明。草皮一般为2英尺（约0.61米）宽、3英尺（约0.915米）长或更长，呈地毯状，用铺设法建植的草坪比用播种法昂贵，但可以较快地取得效果。购买草皮时应选择信誉良好的供应商，保证草皮不会受到病虫的侵袭和杂草的侵害。

草坪的建植

      年中最适宜播种的季节是春季与初秋，便于植物在夏天或冬天来临之前已长成健壮的根系。在准备播种前大约2周左右，应该先与当地草种供应商联系，保证有所需要的草种供应。在计划播种的前一两天再运输草种，否则太早易引起脱水。

      沿着栅栏或其他构筑物铺设草块有益于基脚边草坪成直线。

手 头 必 备：

- ▶ 播种机
- ▶ 化肥或石灰
- ▶ 铁铲
- ▶ 优质砂
- ▶ 石块、砖铺路石
- ▶ 翻土机
- ▶ 园艺耙
- ▶ 灌水滚轴
- ▶ 草坪洒水装置
- ▶ 草皮
- ▶ 膝板
- ▶ 草坪耙

聘请专业人员进行主要的分级或排水系统铺设工作，检测土壤成分，加入石灰石、化肥或其他土壤需要补充的物质改良土壤。

沿种植床围栏的边缘将草割去，挖一条3英寸（约75毫米）深的沟，在其中填入2英寸（约50毫米）厚的优等砂。然后在上面铺上石块、砖瓦或表层砖。

清除所有的野草和石块，用耙子将土壤理松，将地面整平，大块的土块弄碎弄细。

用一个大约灌满了25加仑（约95升）水的滚筒将土壤压实，这样可以使6英寸厚的土层得到适度的湿润。

将卷好的草皮运至将要建植的地段，将其打开铺设在土表上，要注意将各块草皮的边缘紧紧接在一起，但不相互重叠。

第一块草皮铺设好后，可以跪在木膝板上铺下一块草皮，将每块草皮的中心排成一直线，对齐接缝。

用一个灌25加仑（约95升）水的圆筒状碌子，将草种压入土里并将地面压平，再用一个金属制成竹制的耙子整理草坪。

在所有的工作完成后给草坪浇透水，直至根系与土壤密接。在多云的天气一天浇一次水，晴朗天气则一天两次。

如 何 做

土面整理

　　在开始建植新的草坪之前，可以使用下列任一种方法清除有茬的草和野草。

・在夏天用黑色塑料布将整个区域遮盖8～12星期。

・用力翻耙土地，中间间隔2～3星期，使其再生，之后再进行一次翻耙。如此这般再重复多次。

备选方案

娱乐休闲场所

一次精心设计的空地是一个进行聚餐、娱乐、休闲的绝妙场所。

首先空地的大小必须能容纳下你的家人和你常邀请的客人。例如，一个10英尺长10英尺宽（约3.05米×3.05米）的场地可容纳6个人。围栏要十分坚固，使任何人都能安全地坐在上面或靠在上面，或者最好在空地的边缘修建座椅。对于一块易于清理的空地，要有足够大的空间使脏物能够清除。同时围栏下部也要留出一定空间使你能将其下面打扫干净，而且最好将它设置在离室外水龙头较近的地方，这样场地比较容易冲洗。

如果你所居住地区夏季十分炎热，则必须保证场地在下午有较好的遮荫条件。

选择建筑材料时要考虑它们的费用以及耐用性。经过高压处理的松树和杉树是最便宜的，但需要周期性的维护。天然抗腐蚀的柏树、雪松也需要维护且价格较贵。第三种选择是木制聚合物，它是用废弃的木料和可再循环利用的塑料混合制成的，尽管与木材价格差不多，但大多不需维护。

选址

某些地区的环境根本不适宜建植草坪。如有的地方太过于荫蔽，有的又太干燥，或是土地过于沙质化或偏酸或偏碱。有人花费了大量的精力与资金来改善地理环境，但却没取得什么效果。与此相比，尽可能利用现有的土地资源条件才是更理想的做法。

一种方法是种植与当地环境相适应的植物。例如，在较荫蔽的地方应选用较喜阴的地被植物。如果想使那个区域看起来更明亮的话，可以选择浅色系的植物。如果当地的环境较荫蔽而土质又呈酸性，则较适宜用苔藓植物。一个简单的方法就是用一个旧的搅拌器将小部分苔藓与奶酪混合，再将其涂在地面上。在海边沙滩之类的沙质地上，适宜用当地原产的草类与野花。

处理无草区的另一方法是把这个区域用石头或树皮等物覆盖。这样你仍然可以在上面安置景观家具或行走其上，就像下面铺设的是草坪一样。然后在一些容器或填有优质土壤的高床中种植吸引人的植物来装饰周边环境。

户外烧烤屋的营建

随着夏季气温上升，多数人都希望能避开炎热的厨房去一个比较凉爽的地方聚会。用烤炉准备室外聚餐既简单又富有乐趣。除非天气变冷，否则你是不会想回到厨房中去的。

在设计室外烤炉时，应考虑如何使用，在厨房和室外烤炉间寻找一条捷径。这样即使来来回回的取食也不会觉得麻烦。此外，还要考虑到房屋的设计风格。选择建烤炉的材料应与已有的结构相配并能弥补其不足。这样烤箱才能与整个环境天衣无缝地融合在一起。例如，如果房屋的外墙是石制的，则可选用颜色相同的石头来造烤炉。设置烤炉的地点，特别注意避开风口、阳光、房屋、树苗和栅栏，对转变风向都能起一定作用，且在下午还为厨师提供遮荫。

一般来说，野餐的位置和参加野餐的人数也应在你的考虑之内。在选择设置烤炉和地点上要注意留出足够的用餐空间，人们才不会觉得拥挤。

烤炉的建造

这里介绍用平石板建造一个5.5英尺×5.5英尺(约1.68米×1.68米)的户外烤炉。与采用圆形的大石块相比,前者既容易修砌又更实用,而且整个结构都不需要使用灰泥。因此,砌筑过程也就更迅速和简单。并用漂亮的石板铺设烤炉宽大的台面,为野餐提供了一个十分便捷的场所。而且使人们拥有足够的空间来烘烤食物和放置器皿以及烤好的食物。

手头必备:

- ▶ 圈尺
- ▶ 标桩
- ▶ 铲子
- ▶ 300磅碎石
- ▶ 木工用的水平仪
- ▶ 1吨扁平的景观石板
- ▶ 4块2英尺×2.5英尺的石板

用木制标桩标出一块5.5英尺×5.5英尺的土地作地基,向地下挖约1英尺深。

在挖好的地基底部铺上4英寸厚的碎石并铺平,检测是否水平。

先将最大的石块放在最底部,将每一块位置摆好,在缝隙间填上小石块。

将另一块形状不同的石块放在下面2块石头的接合处,使接合点不会连成一条直线。

5

重复以上步骤直至石块累积有1英尺高。检查是否水平，在中间留出一块2英尺见方的区域标出烤炉位置。

6

在地基上6英寸处为炉子构建支撑物，将一层石块延伸2英寸左右到烧烤区。

7

在地基上24英寸处为烤炉构建支撑物，依照第六步的指示。

8

在烧烤的顶部铺上扁平的石板，在大石块下面嵌入小石块，可以使它们更坚固，表面也更平整。

如 何 做

制作指南

如果要在不用灰浆的情况下筑起一道稳固的石墙，每层石头都应比其下面一层石头略窄，这样筑起的墙面略微有点向内倾斜。就像铺设每一层石块作引导保持墙的斜度，用钉子固定2英尺的1×4到4英尺的1×4的"L"形，将木板向较短的那一面倾斜，形成向后的角度。在两层板间钉上一个支撑物以保持板间的这个角度。然后再简单地将长板沿着墙面的倾斜读向上移，之后将短板沿着墙面按所需的倾斜度移动。

备选方案

内置式烤炉

如果你选择内置式烤炉，就可以享受到完善的设备所带来的舒适。有了特制的烤炉，菜单上就不会只局限于牛排与汉堡包。有一些还没有内置式烟囱——拉出式橱柜。它以碎木屑为燃料，为烤制的食物增添一种特殊的风味。

还有一些烤炉为用罐子烹制食物提供了烤肉机和燃烧气。

安置一个如图所示的内置式烤炉需要户外电缆和天然气管道，有储物池时还需要水。当烤炉修建在房屋附近时，这些都可以提前在地下或外墙内设置好。如果你居住在比较寒冷的地区，则需保证水管的深度设在霜冻线以下，天然气管道的埋藏深度至少12英寸。

室外厨房还包括另一个重要因素——遮荫。在自然树荫很少的地方，往往考虑构建一个遮荫棚使厨师感到凉爽，再加上一些适当的装饰，使遮荫棚看起来就像是景观中一个房间。且凉亭的颜色应与房屋风格协调，才使整个区域看上去有连贯性。

户外壁炉

由于户外壁炉的设置，篝火聚会被赋予了新的意义。它不再仅仅是一个集会场所，户外壁炉已成为开放式生活空间的明确标志。这种景观要素在气候温和的地区特别受欢迎。它可以赶走夜晚的寒冷，使人终年都可愉快的享受。

当设计一个户外壁炉时，需要听取专业设计师的建议，设计一个与房屋风格一致的壁炉，使它看上去似乎一直存在于此。选择壁炉或材料时要考虑房屋或其他景观要素的特色。例如，对一幢用拉毛粉刷外部和瓷砖顶部的房子来说，壁炉要与土坯墙和瓦屋顶的房屋协调一致。

当你计划建造一个户外壁炉时，还要考虑到放置家具和装饰品的空间，壁炉由于具有矮墙而展现出平台的特色，它将这个区域与其他空间分隔开来，并提供额外的座位。不要忘记那些大型盆栽植物需要较大的空间，但这项投资是值得的。因为它们能够软化壁炉的边界，给人一种自然的感觉。

花园游戏屋的构建

对于孩子或是对那些希望重温童年时光的成年人来说，游戏屋是个既充满想像又安全的游戏场所。孩子们也许在里面呆上几个小时来进行富有想像力的游戏。父母们则可以利用它观察野生生物或仅仅是获得一种新的生活感受。

当你为孩子们创造一个游戏空间时，还要考虑到你所要安装的设备。从老式的秋千、滑梯到更为新颖别致的健身器材，你有许多的选择，可以从零开始建造，也可以购买预制装配好的，有些公司还会派出安装小组到你家帮你装配。

在整个景观中设置游戏场地时，需先作一番考虑。应选择一个能从家里看到的地方，这样当你在室内时，也能随时了解孩子们的举动。当设置游戏设备时，不能让它占据整个庭院，还要为花园、娱乐、草地的设置留出足够的空间。如果可能的话，游戏区最好处于树荫下，这样会使它在炎热的夏季更具诱惑力。

在下面几页，我们将学习如何建造一个简单的游戏屋，就像左边图片所示。

悬空的游戏屋

这 种质朴的游戏屋很容易建造，凹陷的2
英尺宽、8英尺长的跑道可以让人易于
滑过。

手头必备：

框架用材：
- ► 6根8英尺长2×8规格的木条
- ► 2根2英尺长2×8规格的木条

立柱用材：
- ► 6根14英尺长4×4规格的木条

横梁用材：
- ► 3根8英尺长2×8规格的木条
- ► 3根2英尺长2×8规格的木条

地板用材：
- ► 20块8英尺长6英寸厚的雪松板

两侧边用材：
- ► 1个4英尺×4英尺和4个4英尺×8英尺花格窗板

- ► 7根4英尺长8英寸宽2×4规格的木条
- ► 15根4英尺长2×4规格的木条
- ► 3根8英尺长2×6规格的木条
- ► 1根10英尺长2×6规格的木条
- ► 12个吊梁架
- ► 44个3英寸长的电镀清洗带
- ► 直径为8和16的镀锌钉子
- ► 滑面和梯子
- ► 染料或涂料
- ► 水平仪
- ► 锤子
- ► 木工角尺
- ► 电钻
- ► 扳手

挖6个3英尺深的柱基以设立支柱，在每个角上标出8英尺长、10英尺宽的区域，每个区各设一根支柱。在10英尺长的边界上再各设一根。

在混凝土中设立支柱。在长度均为8英尺的地基上标出边框，在主地基下面8英寸的地方标出2英尺宽、8英尺长的断面。

用托梁托钩将3个2×8规格的托梁平衡的架在框架上。

将松木板钉在地基两边的托梁和延伸物上。

用螺栓在转角处安装2×4规格的木条，并在每边相隔2英尺处安装，用以支持栅栏和栏杆。

从里面将栅栏板垂直钉好，留下开口以设置楼梯，并在周围设置栏杆。

按照制造商的指示安装楼梯。

将整个装置仔细检查，除去余下的碎片或多余露出的钉子和螺钉，最后涂上油漆或涂料。

如何做 屋顶的安装

一个简单的屋顶就能为游戏屋带来阴凉。它覆盖了游戏屋8英尺见方的面积，还留下8英尺长、2英尺宽的开放跑道。这样还能为孩子们设一个2×8规格的滑梯。你要用40英尺长2×4规格的木料作屋顶的横梁，8英尺长2×8规格的柱子作为中心支柱。计划是在房屋的每边都设置一根横梁，然后在中间再均匀地放两根。在每根横梁上刻出凹痕，以设置栏杆，并将其钉在中心支柱上。在横梁上覆上胶合板。这样为屋顶材料提供了一个钉钉子的表面。在屋顶盖上天然抗腐的雪松板，这样能经受住腐蚀。

备选方案

添加屋顶

在 游戏屋上安装一个屋顶，即使在天气恶劣时你也可以不受影响地玩耍，而且它还可以保护房屋免受侵蚀并延长其使用寿命。

如照片所示，倾斜的屋顶比平屋顶更美观，并且更易于防水。但建造倾斜的屋顶需要更多的木工常识才能确定正确的角度。要确保屋檐伸出墙面数英寸，这样才能保证墙面免受雨水的冲刷。要让倾斜的屋顶防水，首先要在上面覆盖夹板，然后覆上柏油纸，最后盖上木瓦或其他屋顶材料。

你也许已经注意到，这种特殊的树屋是建在几棵树中间的，而不仅仅是一棵树上。如果你利用几棵树来建造一栋树屋，在选地时应特别小心。因为风吹树动也许会损坏树屋。要让房子固定，最简单的方法就是将支撑架的一端固定在树干或枝条上。然后将另一个支撑架系在一个可活动的接头上（比如"J"形的金属支架）。当树干移动时支撑架会在接合处滑动，从而减轻对树屋的压力。

没有树木的树屋

你 可以享受到树屋的乐趣，但你不需要完全利用大树，甚至任何树都不需要，仅仅只要利用设在地上的柱子就可以建造起一栋树屋。

当建造一个仅仅由柱子支撑的树屋时，要确保柱子固定于混凝土中，这样它们才不会下沉或松动。如果你希望将树屋建得更高一些，那么，支柱的地基就得打得深一些。在要设支柱的地方挖坑，将支柱插入其中，然后填入混凝土。填好后，在上面覆盖泥土或草皮从而创造出一种更完美精致的景象。

如图所示，在树屋周围并不需明显的围墙，我们可以用有生命的"围墙"代替。修剪蔓生植物并使其围绕树屋生长。在附近设置高大植物创造一个自然的隔离空间。

树屋的装饰可以反映你的个性和品位。这里，网眼织物可以创造一个热带风格的阁楼，是为爸爸妈妈准备的一个极其浪漫的度假屋，同样也是给孩子们的一个奇异的住处。

树荫下的吊床

在夏日的午后，没有比在树荫下的吊床上休息更美妙的事情了。轻柔的凉风吹拂着，使你沉沉欲睡。

吊床不再是用那些躺上去感觉很不舒适，使你只能在一边看着的绳索编制而成。如今吊床挑选的余地非常大，有多种多样的样式、材质和价格。如果你喜欢同伴与你一起休息的话，还有大型的吊床，可以容纳所有的家庭成员。

如果庭院中没有两棵靠得太近的大树可以吊起吊床，你可以用柱子来代替，用两根柱子或一根柱子、一棵树，用作支柱的木材要有10英尺长4×4规格的。在柱子打入地下至少3.5～4英尺，再将支柱周围的土层夯实。或者用快速凝固的混凝土填实，然后用"J"形的拉钩或打孔螺栓将吊床固定于柱子上。可以让藤蔓植物攀爬在支柱上，使其成为整个景观的一部分，让它与藤架融为一体，或者在上面设个鸟类食器一类的花园装饰物。

吊床的设置

在两棵树之间设置吊床时，你最好使用绳子，而不是用那种在树上钻孔的固定挂钩。因为这样无论你到哪里去旅行，你都可以带上它，对于树木来说，这样造成的伤害也比较小。在家庭中心可以使用双股尼龙绳。这种绳子比较容易在家居服务中心找到。当适宜的季节过后，不要忘记将绳索与吊床取下收好。这样可以延长它们的使用寿命。

手头必备：

- ▶ 卷尺
- ▶ 多功能刀
- ▶ 2根15英尺长的双股尼龙绳（如果树的周长大于5英尺，尼龙绳还需更长）2个"S"形挂钩
- ▶ 吊床
- ▶ 冷饮
- ▶ 可读性的好书

选择间隔12英尺远的两棵树，绳子的长度至少能绕树两周，再根据树之间的距离加上至少5英尺。

将绳子绕在树上，绳子离地4英尺高，在树的背面打一个反手结（相对于吊床而言）

将绳子的两头绕在正面，打一个渔夫结或是其他安全的结，再将"S"形的挂钩套入绳圈中。

将"S"形挂钩的一头套在绳圈上，另一头挂上吊床，躺在上面舒适又放松。

照明设施的安装

不知你下班后是否匆匆赶回家，忙里偷闲地在花园中好好享受一下日落前的美妙时光。如果能恰到好处、有选择性地安装一些户外照明设备，这样，不论是休息还是漫步，都可以更尽兴地享受夏夜的美妙景致。或许，你喜欢观察花园美丽的冬景，却又苦于夜幕的降临如此之早。在万籁俱寂的季节，灯光同样吸引着你去欣赏日落后的园景。

花园的大小决定了哪种类型的灯具最具魅力。树木密植的小型花园中可以使用低压照明。这种小体量的装置可以设置在长钉上。易于移动或隐蔽的折叠灯座，一般这种照明系统用的是120伏的家用电源。在带有安装步骤说明书的配套元件的帮助下，可以广泛地利用。在较大的园林景区中还需要稳压装置，尤其是要将灯具安置在水中或水边时，还应征询专家的帮助。仔细选择照明装置，牢记你的付出与所得是对等的。

日落后，户外照明会将你的庭园变成一个梦幻般的崭新世界，并且在活动时也会更安全，这些你会在下面的各项工程中慢慢领会。

安装园路的照明

客人来访时最先注意到的往往是房屋的入口。你只需要一套具有装饰性的低压照明系统，以及一个有关明暗分布的简单设计便可以使你门前的小路变得不仅迷人而且安全。

选择近地面的照明设备，它们将投下一片柔和的光影，形成了极具吸引力的入口照明，将道路边的灯光与整个花园融为一体。也可以在夜色中将花园中的特色景观和植物突显出来。在白天，那些群植的同类植物可以将灯具遮掩起来，低矮的装置还可以突出台阶，用于台阶照明的另一种选择就是将灯具装进台阶的竖板中或台阶任意一侧的墙体中。但是这两种照明设置的选择都需要专门的电工技术。将灯具交错安装在道路两旁或呈柔和的曲线有利于消除"跑道"的效果，也使照明设计更趋于自然。

低压照明系统使用12伏的电线和灯泡，它们价格便宜，并易于安装。不需要特殊的硬件设备，还可以与房屋中的电力系统连接。

低压照明设备的安装

低压装饰灯设备将来访者的目光吸引到通往前门的小路上，这种灯具呈柔和的弧线型，巧妙地设在小路上，指引来访者前行的方向。这种装置通常是用抗风雨侵蚀的特殊材料制成，并且在外层覆以自然的装饰。在一个低压12伏的电设备系统中，电线通常与变压器的一端相联，而变压器的另一端与户外地下端口输出的120伏家用电源连接。

手头必备：

- ▶ 照明配套元件
- ▶ 木制标桩
- ▶ 大锤
- ▶ 细绳
- ▶ 剪钳
- ▶ 老虎钳
- ▶ 螺丝刀
- ▶ 平头螺丝刀

检查你的照明配套元件确定没有遗漏，确定灯具的安装地点并布置电缆。

在装设灯具的地方竖立标桩，第一根标桩距室外电力输出端口不应超过10英尺，用细绳标记电缆的铺设行程。

安装变压器，变压器应被罩上防水外壳，设于遮蔽处离地面大约1英尺高的位置，距输出端口的距离不超过1英尺。

展开电缆圈，沿着要安装灯具的地方铺设电缆，确保较为松弛的设置电缆以便于与灯具相连。

在选好的地点稳固地装上第一套照明设备，将灯具基部周围土壤压紧。

按照安装说明，将电缆与变压器牢固地连接在一起，然后将电缆的另一头与第一套灯具相连，注意不要挤压或扭结电缆。

沿着步道安装余下的灯具，连接电缆，装上灯泡；检查灯具安装的位置是否恰当，线路是否正确。

当所有的灯具都安装好以后，将照明系统接上电源。在晚上调节照明设备，使入口景观更为突出。

如何做
电线的掩饰

低压照明系统的美观之处就在于电线不是埋于地下，而是随路面蜿蜒前行。如果你想把电缆置于地面，一定要折起置于一旁，以免将人绊倒，然后覆以护盖物。如果你决定将电线埋在沟渠中，可以套入聚乙烯制的橡皮管中以保护电缆。

如果要将导管安装在步行路下面，在道路两旁挖沟，用锤子设法使铁制导管穿过步道下面的土地。然后再将聚乙烯管从土坑中穿入，并从另一头穿出。

不管你是将电缆埋藏还是留在地面，都应注意处理好电缆的位置与多年生植物和其他长期使用的设备之间的关系。

备选方案

灯柱照明

灯柱照明会将灯光优雅地投向步道，如果将它设在入口处附近或道路尽头则效果更为突出。灯柱对来访者而言如同一盏信号灯，它照亮了道路，给人以安全感，并将为整个园林又增添了一个迷人的景观。

当你挑选灯柱时要注意与其余的户外照明装置相协调，并与房子、花园和庭院的风格互补。当你打算在房子附近设置一个灯柱时，要考虑入口处，然后挑选一个大小适合的灯柱。如果将它安装在道路尽头，则应将人们的目光吸引到附近的花园或建筑上，铺设地下电缆是为灯柱所需的，确保灯柱用混凝土固定或其他稳固的装设方法。

当灯柱安装好后，应该增添一些优美的点缀使它更为显眼。在标基四周种植一些小巧而耀眼的多年生植物，可以突出设置在房屋附近的灯柱。而灯柱设在离房屋较远处时，在周围种上一些较高的植物（比如百合和松果菊），会使它看起来更有魅力，同时还为攀缘植物，如铁线莲或茉莉提供了极好的支撑。

入口的射灯

如果你有地方安装向下照明的设备，不妨考虑一下射灯，它照亮了入口与通往前门的小路。射灯与前面所描述的安装在道路旁的灯具相比，照明范围更大，这种照明风格在于突出小路周围的所有景观，而步道上灯光柔和。射灯的光线看起来也更为自然，因为平时我们所见到的光线大都来自于天上的太阳或月亮，它使入口处即安全又充满魅力。

流光灯照射的范围较广，可以将它们安装在屋檐下或是靠近道路的树上，你也许会想在这种灯上装上一个计时器或是活动传感器。这样你就不必手动控制灯的开关了，仔细挑选灯具的瓦数，使它不会干扰其他园林景观的照明设计。调整光线的角度，使它不会向司机或路上的行人投射耀眼的强光，也不会将杂乱的景象反射到邻近的墙上、窗户或水面，增加趣味性的效果，可以设置照明工具，使光线透过树叶向下投射。

创造光影变换的照明

不论在户外还是室内，你都可以享受在灵巧的灯光布置下的特殊效果，向上照明的技巧可以将灯光艺术演绎得更加出色，它是将灯具设置在地面上或地水准平面上，直接向上投射灯光以突出铺板、墙壁、栅栏或花园装饰。当上射灯集中光线投向一棵高大或雕刻般的大树时，将是最富有戏剧性的景象。

上射灯可以突显树形，尤其是冬天里的落叶乔木（一种树叶会落光的树木），而当树上长满叶子的时候，这种照明技巧又表现出一种不同的斑驳效果，当我们为上射灯选择投影的树木时，还要考虑树木的季相变化。

当然，最好的灯光布置是揉和了上射照明光、下射光、侧射光，使它们达到整体和谐。向下设置的照明设备发出的下射光或闪耀的灯光可以增加整个景区的亮度，也可以用来强调特色景观。由于侧灯照明突显质地，你可以利用它在附近的垂直面上创造引人注目的壮丽景象。向上照射树木所产生的可视区域是开始照亮你庭院的完美光源，这是很容易营造具有舞台效果的迷人夜景。

向上照射树木

这种简单的灯光设计适宜于中等体量的树木，而若想要取得最佳效果，需要3个低压灯具。使用单一光源竖看起来只具有一维效果，没有深度或质地感，低压灯光使用广泛。它们体积小，不显眼因此可以将它们折入树基周围的植床中。对于一棵体量较大的树而言则需更多的灯光或标准电压照明设备的光强度，这种设备的安装较为困难。

选择一棵树型较好或具分枝的树木，并且在灯光下可以从室内看见它。

选择安装变压器的位置，可以把它挂在装饰板、栅栏上或离地面至少1英尺（约0.305米）高的位置。并装在一个1英尺长的室外插座中。

测量从变压器到树木所需电缆的长度，不要将12标准规格的电缆线接在250瓦的照明设备上。

目测树冠与地面的关系，选择合适的安装位置，使你站在一个主要的观赏点，可以看到灯光投射到树干上。

5

安装第二个照明装置时要使它的光线向上照射树干并将树冠笼罩在一片柔和闪烁的灯光下，在树后面安装第三个照明设备。

6

在每个设备旁边拉一根电缆，电缆线应有足够的长度，便于你调整灯具的位置，用配套的连接物将电缆与灯具相连。

7

傍晚时将灯打开，调整灯具的位置，以便取得最佳效果。调整光线，避免它们直射你的眼睛，或在树枝上形成"热点"（hot spots）。

8

用草坪修边机，穿过草皮或覆盖物挖掘出一道狭窄的槽，放入槽中覆以草皮或覆盖物。

如何做

变压器的容量

列出所有需要分接在变压器上的照明设备，计算出你照明设计中所需变压器的容量。将每个单独的照明设置的瓦数加起来，得到整个照明计划所需的总瓦数，然后购买一个大于所需的功率的变压器。但不要超过所计算的总功率的两倍，这样以便于你在发现还有其他区域需要照明时，可以添加几套灯具，而不需另外购买一个新的变压器。

备选方案

水景园的照明

一旦你在设计中加入合适的灯光布置，即使是在夜晚的花园中，景物也会立刻变得生动起来。你只要为这个特色景观有步骤地布置一些简单灯光，你将惊叹于这平添的奥妙与神奇。在这里，一点小小投资就能得到丰厚的回报。当灯光穿过水面时，它的光柱被放大，而被照亮的区域看上去也扩大了。

如果你将灯具设置在水景园的上部或外部，这是一个简单的安装工程，低压照明设备就很适用。但如果你想将灯具设置于水中，就像你在图片中看到的，就需要征询专业人员的帮助了。当光线穿水面时，突出了美丽多姿的水生植物或将人们的目光引向瀑布。

你也可以间接地突出水景园的迷人景致，而不是将灯光直接投向水面。在附近选择一个有特色的景观，诸如一棵树、一座雕塑、或是一个有趣的石制工艺品，通过指引，来自于小型聚光灯的光束向上照射你所选择的景观小品，光线将被反射到水面上。从而使整个水景园沐浴在一片微波鳞鳞的柔光中。

周围的链灯

链灯为户外娱乐增添了气氛，你可以把它们放在最后安装，让它们将原本留在黑夜中的园景带进一片柔光中，而其他部分仍处于黑暗中。

链灯的种类与你的选择都是没有限制的，因此在选择和将它们设置在乔木和灌木中时要充分发挥你的想像力。在带有幽默的联欢会上，你可以将一棵树挂满闪烁的彩灯，如圣诞树一般装点的整形灌木作为晚会的奖品，一些新颖的吊灯来烘托聚会的主题，从辣椒灯 (Yiuwninateu chili peppem) 到日式的纸灯笼。

它们闪烁的柔光为任何形式的聚会增添了迷人的色彩。

要记住大多数链灯无法提供充足的光线来完善步道或其他区域的安全照明，它们仅仅是为了营造某种气氛而提供临时性的照明加入扩充。将链灯上续接的绝缘小电线插入GFCI电源插座中，并将它们设置在不影响交通的地方。如果设置在天井或其他硬质表面上，你甚至应将绝缘小电线安放在线渠中以防将人绊倒。

特色空间的组织

从事景观设计最大的乐趣就在于创作表达自己个性的特色景观，在花园中，你可以建造一个四周都被树包围的隐蔽的花园小屋，借此重温儿时有关密室和神秘通道的幻想。如果发现水源，你可以建造一个水池作为鱼和水生植物的家园。或者只是在干涸的河床创造出水道的美丽幻境，在高床上种满芳香的草本植物，满足你想大展厨艺的愿望，你甚至可以创建野生动物的天堂。鸟儿、蝴蝶，以及其他的生物都可以在这里找到它们所需要的庇所、食物和水。

当你计划在庭院中创建一个独特的空间时，应该考虑一下如何才能从中获取最大的快乐。例如，可以将你的秘密地设在一个偏远僻静的地方，在那里你听不到电话铃声，或者可以把小池塘设置在靠近后门的地方，你便于到达，甚至让你在室内就能看到它。如果你打算在那片空间里度过较长的时间，便要确定它是适合居住的，要考虑阳光获得量，尤其是夏季炎热的地区。

要为所建造的空间内配备舒服的座位，放置一些私人物品。例如风笛，借以刻画个人特征，把握你在这个场地上所花费的时间的比例，以便于你还有时间去享受它带给你的快乐。

私密花园的营造

隐秘场所的诱惑力，不会仅仅由于你年龄的增长而消逝。无论是你独自一人或是与朋友相聚，一座幽深的花园是你躲开纷杂的最佳去处。在那里你不必花费太多的时间和精力，再去建造一个私人空间。你可以种植一些速生的灌木作为墙壁，修剪已有的乔木来当作顶篷，增加一些地被植物作为地板。一个户外活动区的外轮廓由此而生。

就像你布置其他房间那样，可以为这私密的花园配置一些适合户外使用的舒适的家具和装饰品，例如镜子、石雕、有香味的草本植物，供鸟类嬉水的水盆。如果你打算添设一个池塘，可以安装一个通风机或水泵来保持水循环，以防止蚊虫滋生或者在池塘中放养一些鱼来捕食害虫。

当你为花园选址时，应寻找一处隔离交通噪声、空气流通的场地，理想的建址是已栽有至少遮蔽花园的一面和顶部的种植群。如果没有，你可以着手栽种。在等待植物长满花园的那段时间，可以考虑在一个简单的格子架上种植攀缘植物。将花园从庭院其他区域中隔离出来。

私密花园的种植

这种花园式空间建在庭院一处偏远僻静的地方，它是用地被植物以合理使用泥土、灌木，连同一些精心修剪的乔灌木建造而成。在那里，你可以添加一些园镜、风窗、雕像或者为孩子们提供一个戏台、彩色的装饰品和儿童规格的家具。

手头必备：

- ▶ 粗绳
- ▶ 园艺叉
- ▶ 园艺耙
- ▶ 黑色塑料
- ▶ 枝剪
- ▶ 高枝剪
- ▶ 景观地布
- ▶ 景观横木
- ▶ 电钻
- ▶ 锤子
- ▶ 每根横木2根铁钉
- ▶ 树皮覆盖物
- ▶ 速生灌木与小乔木

清除难看的树丛，并将现有植物上的死枝或坏枝剪掉。

用粗绳子圈出花园的轮廓，消除区域内的杂草或废物，可以将它们拔出或是在上面覆盖一层黑塑料布。

如果现有灌木的枝条过于拥挤而导致空气不能流通，可以适当地疏剪一些枝条或将长势较差的植物移走。

在地面上覆盖上景观地布，并用饰钉固定，在地布的边缘放置景观横木。

在每根横木的一角钻一个深入底部的大土坑，将长钉穿过土坑口，钉入土中，使横木固定。

在景观地布上覆以2英寸（约50毫米）厚的树皮，定期翻耙树皮，使其保持新铺设时候的样子。

沿着小区的一边或多边种植枝叶茂盛的常绿灌木和小乔木，挖凿每一个种植穴，与培植盆同等深度，宽为培植盆的两倍。

将摇曳多姿的植物种植在横木的边缘，并且保持高矮间植，以期创造一种自然式的屏蔽。

如 何 做
速生灌木

为了在一两个季节内为你的私密空间建造墙体，应该选择速生灌木。可供选择的植物包括醉鱼草、水腊树、红继木和柽柳。而在那些阳光充足的区域可以种植一些高大的观赏草，例如矾根属植物和芒属植物。

备选方案

黑色营造神秘

为了给花园增添神秘的氛围，可以在花园种满神奇的植物——暗淡的叶色或黑色的花，或者当你靠近或触摸时散发的阵阵芳香。

某些种类的植物便以黑色叶片而闻名，如黑色叶的珊瑚钟"棋子"、"巧克力褶皱"和"深紫色的布丁"等品种，许多锦紫苏属植物都有着黑色叶片，正像匍匐筋骨草的许多品种，例如"巧克力奶酪"。其实，没有哪种花的颜色是真正的黑色，但却有深紫色的。例如，一种郁金香属的品种"午夜皇后"(Queen of the Night)，和贝母属的一些种类。

香味也能增添神秘感，尤其是当你无法确定香味来自何处时。山谷中弥漫着甜美的香味却是来自于几尺外的地方。茴藿香具有甘草的清香，将匍匐百里香常醉蝶叶种的应用步为的间，中，当你跨进它们时会闻到浓郁的香味。

为了便于在花园中欣赏美丽的花朵，享受阵阵花香，不妨在附近设置一张长凳或园椅并使它与周围的风景融为一体。石赏草因近的石头小径所掩饰，而木正会与灌茂的的态互补。

创造幽静感

你并不需要建造一个大型庭院才能享受那种幽远宁静的花园空间。只要你善于创建独特空间来阻隔视线，便能激发一种幽静深远的感觉。

一个隐蔽的空间不一定是要被隐藏起来的，仅仅只要阻断至少一方视线所能接受到的风景。也许是房屋、车道或邻近的东西。你也许会在一棵大树后面或在花园的一个角落生找到的样物个地方。

你可以通过植物围合一座小岛来营造一片幽静，生一个的型物天必或多关注围种熟后箬，沿阶草或其他耐粗放管理的植物，到屏障的密出。个缺口作为出入口，或将它完全围以饰物，以强化隔离于庭院其他部分的独立空间感。一座稍大的岛，比如天井，能够很容易的放下一张桌子和几把椅子。然而即使只是一处不大的围以花草的隐蔽地也可以放下一个小型长凳或秋千椅。为了进一步完善这种幽静感，还可以增添一个景观焦点，例如一座喷泉或一个（供鸟类嬉水的）水盆，当你身处其中时可以清楚地看到或听到，以满足你的视觉上和听觉上的享受。

增添水景特征

水景园融入了从水盆到河流的所有存在之物以及瀑布与鱼池。不论选择建造何种规模的水景园，它都会是一片凉爽、令人愉悦的绿洲。它反射美丽的倒影，吸引野生动物，并且遍植美丽的水生植物。

如此卓越的园林景观就像一件精心完成的作品，但柔美的驳岸线和自然的水池使得整个水景园看上去自然和谐。水池供应商可以帮助你选择一种持久耐用，并且适合你的需要与当地气候的水池垫料。

水池往往是庭院的焦点，因此将它设置在符合最佳视角处。你也许希望可以从某一独特的窗户、平台或者当你进入房子时看见它，将水池修建在下午有遮蔽的地方，以防止藻类滋生。如果没有遮荫，你可以每隔4～6周，用一种便宜又无毒的水池染料将池水染黑。或在水池中大量种植浮水植物和沉水植物。

如果你设置的水池大于10英尺×10英尺(约3.05米×3.05米)，或者如果你在池中饲养鱼类，你就需要用铅锤测量水池的深度并装设电线，以便在池底安装一台水泵和过滤器。

下沉式水池

这类水池的边缘是一种弹性塑料制成的池衬，为了突出自然形态，在池边稍稍凸起的地方摆放一些栽有临水植物的小花盆，并在外缘放置石块隐蔽边缘线。最重要的是挖凿的边缘保持水平，以便于将水平坦地注满水池。如果可能，在晴天工作，池衬会显得更具有柔韧曲线。

手头必备：

▶ 软管或粗绳
▶ 喷漆枪
▶ 铁锹
▶ 卷尺
▶ 2×4规格水池
▶ 木工水准仪
▶ 砂子
▶ 剪刀
▶ 石块
▶ 与水龙头相连的橡皮管
▶ 单层池衬

用软管或粗绳勾勒出水池的轮廓，用喷漆枪标注。用锹锹清除区域内的草皮。

沿标记的区域挖一圈深和宽均为9英寸凸起的土缘，中心挖至18英寸深，呈45°倾斜。清除尖锐的大石块。

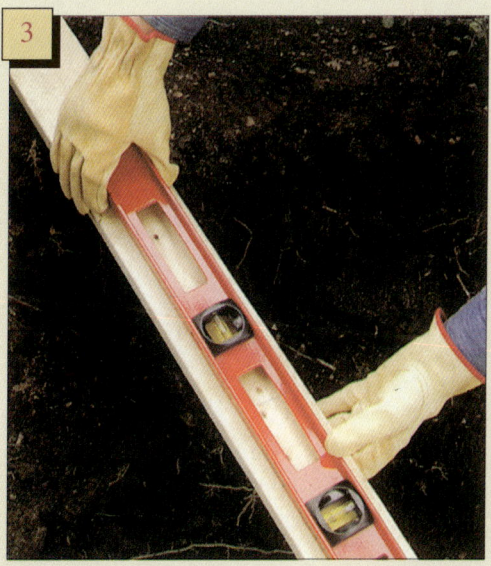

设置一个2×4规格的水池，用木工水准仪测其周边是否水平，按需要加入或移去砂土。

用如下公式计算池衬的尺寸：
池衬宽度＝宽＋（深×2）＋（重叠部分×2）
池衬长度＝长＋（深×2）＋（重叠部分×2）

5

用大约2英寸厚的湿砂覆盖区域边缘与底部，将折好的池衬置于水池底中部。

6

展开池衬覆盖池底，折叠至适宜的水池曲度，根据需要用剪刀修剪边缘，留下1英尺宽作为在池缘处重叠的部分。

7

用供水管向池中注水，轻轻地拉动池衬以移平较大的皱褶，用石块固定池衬的重叠部分。

8

向水池中注水距顶部大约2英寸，修剪池衬边缘6～8英寸并用石块覆盖在上面加以掩饰。

如何做

放养鱼类与种植植物

在水池中放养一些鱼类，促使水池中的生态系统达到平衡。金鱼和热带鱼是水池中最常饲养的鱼类。通常，水池中每2平方英尺(约0.185平方米)水面可以饲养1英寸长的鱼。为了使观赏鱼尽可能地健康生长，应在水池中装设带有生物过滤器的水泵，每天测试pH值，使它保持在7～8.5之间。

为了增添水池的趣味性，防止藻类滋生，你可以大量栽种植物，使植物的叶片可以覆盖水面的1/2～3/4。盆栽临水植物，例如在微凸的池边种植香蒲和黄色的鸢尾，在池底的器皿中种植睡莲与荷花。为了遮蔽水面，可以种植漂浮植物如凤眼莲属植物、浮萍等。为了增加水中含氧量，可以种植沉水植物例如眼子菜，这对于鱼类及控制藻类植物生长十分重要。

备选方案

盆式水景

你不需要很多的空间来设置水景园。在不透水的桶、盆或罐中都可以种植一些美丽的水生植物。如果你想用装饰性黏土或陶制花盆，可以在里面放置一张牢固的塑料衬质，或者可以用防水密封剂填塞排水孔并在器皿内侧涂上一层用于密封屋顶的焦油。

　　为了与小尺寸容器相协调，尽量种植矮小的水生植物。最先种植深水植物，例如矮小健壮的睡莲(water lily)或矮小圣洁的荷花。将其种植在装有砂或水生植物盆栽土的花盆中，并在土表覆盖一层珍珠岩，防止土壤漂到水中。然后在深水植物容器边，种植一株浅水植物，例如矮生莎草，最后加上一些小型漂浮植物，例如伊乐藻属植物与凤眼莲。

　　由于小型容器布置的水景园不能养鱼，可以进行生物调控，防止蚊虫在水中产卵，每周向容器中加水以弥补蒸发掉的。

水中花园

水池使你有机会种植那些不能在陆地上生长的水生植物，种植多种植物，展示了质地互补，花开不息的诱人景致，并维持了水池的生态平衡。

　　水生植物分为4类：深水类，临水类，沉水类和漂浮类。深水类植物的花较大，花开时离开水面，像睡莲与荷花。在14夸脱（约13.3升）装有24～48英寸（约0.6～1.2米）深的水的花盆中种植。临水类植物，有时也叫沼泽植物或浅水植物，在水池边潮湿的土壤中生长旺盛，例如香蒲、黄菖蒲和金盏花。在水池周边浅滩上设置盆栽种植，容器表面应与水面平齐或低于水面。

　　沉水类植物完全在水面以下生长，这类植物包括眼子菜和苦草等，它们释放鱼类所需的氧气及防止藻类滋生。

　　漂浮类植物，例如凤眼莲、浮萍在水中漂移，根系也可以自由浮动，漂浮类植物与深水类植物漂浮的叶片应大约覆盖3/4水面。

设置草花花坛

高床能解决许多常见的种植问题，土壤排水性能的改善意味着植物根系将更为发达，因为它们不会再浸泡在多余的水中。在春季高床中土壤升温快，因此，你可以及早种植，使多年生植物较早地开始生长。如果土壤由于岩石多、黏度大而难以操作，你可以根据问题逐步解决，并用优质土壤填充高床。

高床可以是任意高度，从几寸到数尺。低床更适于炎热、干燥地区，在那里良好的排水和温暖的土壤反而显得多余。高床更适于种植深根系的乔木与灌木，对于那些难以下蹲或屈身的人们更为有益。

由于西洋杉木与柏木的抗腐性较强，因此是建造木质高床的理想选择，经过高压处理的木材不宜于在靠近粮食作物种植的地方使用。例如在这类植床中种植药草，因为用于处理的化学物质会渗入土壤，较好的选择是塑料制材。

高床的构建

下面介绍如何在已有的步道内建造四边笔直的高床。图中的高床规格为2×6，你可以用更宽的板材来构建一个更高的植床。

手头必备：

- ▶ 铁锹与园艺叉
- ▶ 卷尺
- ▶ 圆锯
- ▶ 电钻与钻头
- ▶ 8个3英寸的木螺钉
- ▶ 正方形框架
- ▶ 螺丝刀
- ▶ 4个4英寸带螺钉的L型托架
- ▶ 8个1英寸的木螺钉
- ▶ 木工水准仪
- ▶ 表土与堆肥的混合物
- ▶ 缓效肥
- ▶ 园艺耙
- ▶ 4块2×8规格的配套木板

用铁锹或园艺叉耕地至3英寸深，清除大石块、小树枝或其他残骸。

测量种植床的2个长边并切割成2×8规格的木板与之配套，测量并切割2个短边的木板，使之与2个长边木板配套。

将短板与长板的内侧平接，在相接的地方钻2个孔，用3英寸长的木螺钉固定，以同样的方式连接2个拐角处。

在每一拐角处的内侧装上托架稳固木框，钻孔并用1英寸长的木螺钉固定托架。

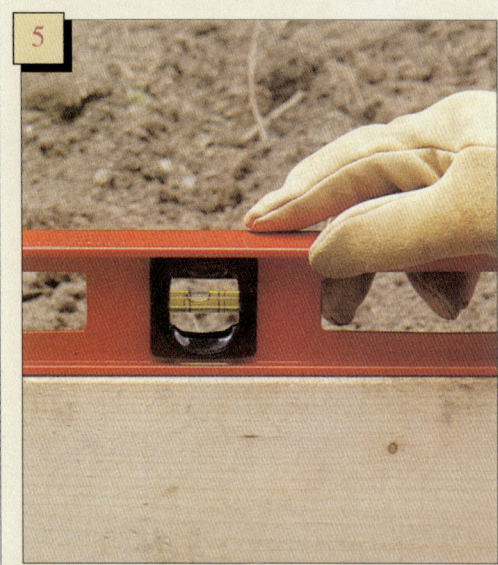

将框架放置在已备好的植床上。用木工水准仪校正，以确保所有的边都在同一水平线上。

如果框架不是水平，那么移除或添加框架下的土壤直到垂直。

用堆肥和表土的混合物填充植床，按照产品说明的要求向土壤中添加缓效肥。

用园艺耙耙平土壤形成中间高，四周低的小土墩。

如何做 曲线床沿

要使一个较低的高植床与一条蜿蜒的步道相协调，应在步道开始弯曲的位置结束植床的设置，然后沿步道曲折的边缘挖一条较浅的沟渠。渠宽与砖块厚度相等，深度应当砖块置于沟渠中时，砖顶与板顶平齐为宜。将砖块置于沟渠中，用土填充间隙并压实。

备选方案

砖砌高床

砖砌高床给人规则感与稳固感，这一点是木材所不及的。砖砌高床是设置带有护墙板的砖房前的理想装饰，比如美国独立前的房屋样式与牧场（对于当代式房屋，木屋与用西洋杉木作外墙板的房屋，木质高床则更为合适）。除了一些草本植物或多年生植物，还可以种上一些低矮灌木和观赏草，使高床终年有景可赏。荀子属植物、低矮的冬青属灌木、红瑞木、低矮的松柏科植物、高羊茅和大型羽毛草都是不错的选择。

砖砌高床很容易建造，用抗霜冻的砖块会比装饰砖的抵抗力强。在墙下设立混凝土支柱，其深度应使第一层砖的顶部与土面平齐，将混凝土支柱的粗糙表面用灰泥覆盖效果较好。待混凝土晒干后，在上面铺砌砖块，用灰泥涂抹加固，反复检查，以确保砖面水平。保留土层以上的第一层铺砖间的缝隙，以便于多余的水可以从植床基部排开。

简易高床

高植床便于那些弯腰困难的人进行种植工作。通过合理的设计，可以使他们轻易地完成种植、浇水、除草、采收等一系列工作。

最合理的高床设计取决于园艺工人的需要。对于那些不能长时间弯腰或跪着工作的人，较好的解决办法就是将高床设计成24～27英寸（约0.6～0.68米）高，并将边缘加宽以便于可以坐着工作。

高床的长度可以不受限制，但宽度要保证园艺工人从任一边都能触及中心。根据园艺师的力量与柔韧性的不同，高床的宽度可以设计为2～4英尺（约0.61～1.22米）之间。

牢固的构造是高床的关键，对于较深的高床而言，稍宽的景观横木是一个不错的选择。为了使其更牢固，在每一个拐角和沿边间隔的位置，将坚固的铁钉垂直插入预先钻好的土坑中。在高床周围设置易于通过的平坦地面，例如一条宽敞的铺装步道。

创造干溪景观

你可以改良一个潮湿、低洼的区域（也叫作湿地），为园林景观平添光彩。即使洼地中没有水，只要你在其中布满石块，一样可以创造出涓涓溪流穿过庭院的幻象。除了可以增加流水感，在洼地中布置富有吸引力的石头还会引起阻断的视线分割空阔的庭院。你也可以利用它引导视线到一个有趣的景点或是作为障碍横穿过一条你不希望他人涉足的路线。如果庭院中设有排雨水沟渠，这种石制溪流不仅发挥了装饰作用，同时又具有实用价值。在排水沟中放置了石块，可以在雨量大时减缓水流速度，也可以防止水流直接冲刷土壤使其松动。

为了营造最自然的效果，应采用当地所产的石头。你选择用来填充河床的石块的颜色和高度有助于创造你所需要的幻象。淡蓝色石块适于模拟平静的水面，湍急的水流则应用白色石块。将石块填至与地面相平，形成河床溢满的效果。在一条干涸的河床中，铺设各种不同色调的河石，石块应跟随河床的曲线。

湿地的建造

这种湿地的表面是下凹的，类似干涸的河床。利用经水流冲刷的河石，这种石头光滑且色彩丰富。石头是按尺寸出售的。这项工程所需的石头大约2~3英寸（约50~75毫米）宽。除非你的河床较小，否则可以在凿石场购买成堆的石块，而不必去家居装饰批发部买袋装的。所需的石块的数量主要取决于洼地的深度、宽度与长度。

手头必备：

▶ 软管或粗绳
▶ 喷漆器或粉末喷洒器
▶ 铲子或铁锹
▶ 剪刀
▶ 景观编织网
▶ 饰钉
▶ 经冲刷的河石
▶ 多年生植物与灌木

用软管或粗绳勾划出洼地的边界，形成一个自然、曲线柔和的外轮廓，用喷漆器或粉末喷洒器标记边界。

清除区域内的杂草和其他植物，包括来自轮廓区草皮。

如果区域较平整，在中心部分下挖6英寸（约150毫米）深，至边缘处，地水准平面逐渐升高。

为预防杂草滋生，将区域覆盖上景观地布。将地布剪至合适的尺寸，并用饰钉固定。

将较大的石块沿景观地布的边界放置，将其隐藏和固定。

将余下的大型石头安放在区域内，作为主调石。如果需要，可以将它们隔开作为踏脚石。

在区域内填上3英寸（约75毫米）深的河石。

种上多年生植物和灌木，诸如萱草和石楠属植物等，或将它们丛植于大石块边缘与石群中。

如 何 做
干河道的植物种植

沿湿地边缘种植使它看起来更自然，也可以更好地与周围景观融为一体。如果洼地处于干涸状态，而只在一小段时间内是湿的，那么你所种植的植物要能忍受这种干湿的交替，比如景天科的佛甲草属植物、禾本芒'秋日双禾'和少女石竹。如果湿地是为了装饰的话，并且你也想模仿西南边干枯的河道，则所栽种的植物应具有似皮革的或成灰绿色叶片，可选择的植物包括鼠尾草和迷迭香。

备选方案

渠道水景

湿地不仅景色迷人，而且对于狭长的斜面区域来说，在雨量大或是雨季长时，它还有利于排水。其中的石块可以减缓水流，也可以防止表层土被水冲走而只留下丑陋的壕沟，与裸露的泥土相比，石块更易干燥，可以避免泥浆流进房屋。

在修建湿地时，应根据水流的自然形态，用铲子将高地铲平，防止水流在此汇集（另一种选择是在区域内沿边界改建为一个小池并种上沼泽植物）。在水流路径中增加曲线可以减缓水流的速度，沿边界放置2英寸（约50毫米）宽或更大的石块——它们不易被水冲走。为了使它看起来更具自然风貌，还可以随处增设一些较大的石块。

如果湿地常常有水，可以在边缘处种植一些喜湿植物，例如问荆属植物、香芦苇。如果它很少潮湿但会经历山涧流水的冲刷，应选择既耐湿又耐旱，且根系发达的植物，例如萱草和西伯利亚鸢尾属植物。

河床式步道

为了使道路具有曲线美，宛如自然形成，可以将它建造成一条蜿蜒的小溪的样式。用粗绳或橡皮软管标出道路所通过的区域，宽阔、呈曲线形的道路看起来最富有自然气息。区域内的草皮要么清除，要么将其修剪到很短，用景观编织网覆盖圈定区域内的草皮，并且防治杂草的滋生。如果有条件的话，可以使用能负重的、防日晒的非编织的景观布（用于铺设车行道和人行道）。

将平整的踏脚石按蜿蜒的曲线放置，使其看上去像在小溪中无意发现的，它们之间的距离应适当接近使人走在上面时感觉舒适。然后在此区域中铺设吸引人的石块。石块的体量并不需很大，因为它们并不需要真的用来减缓水流。将不同大小的石块组合起来模仿自然景观，为了使静止的河床更加真实，不妨考虑一下在尽头种植一些蓝色羊茅草来表示小水池。为了将石块固定在适当的位置，在河床式步道的边缘用塑料或金属镶边，并沿着边缘种植一些地被植物，诸如沿河草等来掩藏饰边。

创建野生生物的乐园

当你发现鸟儿在巢中向外张望，蝴蝶停落在花朵上或者蟾蜍跳出它那隐蔽的土坑穴时，又为花园增添了一种别样的乐趣。你仅需要了解一些动物们对食物、栖身处或水源的需求，便能吸引它们到你的花园中来。例如，大部分的鸟类都喜欢在有遮掩但开敞的地方觅食，比如灌木丛中，这样它们可以轻易地逃离危险。有些鸟类喜欢在地面上进食，例如洒落在地上的种子，而其余的则喜欢栖身在更高处，在进食器中觅食。如果你要安装进食器，应选择有大小两开口的，使大型与小型的鸟类都能进食。

如果想吸引蝴蝶的话，也要准备一些欢迎它们食叶的幼虫——毛虫。收藏一本蝴蝶指南，有助于你辨认幼虫，并且清楚它们将变成什么样的蝴蝶。蝴蝶在温暖的地方是最活跃的，因此要保证花园中有一部分区域是阳光充足的。天气炎热时，它们更喜欢在斑驳的树荫下活动。

想要吸引食虫的蟾蜍，你要为它们提供一个凉爽、阴暗又隐蔽的空间。比如一个倒置的花钵，并将一侧支起，并保持花钵周围地区的湿润。

鸟类与蝴蝶的乐园

各种植物的混植会吸引蝴蝶、鸟类与其他的一些益虫，因为花园中的一些植物是多年生的，它们会年复一年地生长在那里。因此在种植前应对土壤进行测试，补充土壤所需的养分。

将区域内的植物清除，用园艺叉或电犁将土壤整松，在土面上铺设3英寸厚的堆肥。

挖一个18英寸（约450毫米）深的土坑，插入立柱并将鸟笼固定在立柱上。

手头必备：

▶ 园艺叉或电犁
▶ 堆肥
▶ 螺旋打孔器
▶ 电锯
▶ 8英尺（约2.44米）长4×4规格的立柱
▶ 鸟笼
▶ 泥刀
▶ 覆盖物

植物类

▶ 醉鱼草
▶ 萱草"欢乐回归"

▶ 西洋蓍草'corona — tion gold'
▶ 除虫菊
▶ (bee balm) 剑桥红
▶ 红色波斯菊
▶ 天蓝绣球
▶ 紫色与白色的松果菊
▶ 烟草花
▶ 珊瑚钟"紫色官殿"
▶ gayfeather
▶ 厚毛水苏

先在靠近花园后部或距鸟笼几英尺的地方种植灌木，例如醉鱼草。

黄色的花招引蝴蝶，可以在庭园中部种植黄花萱草"欢乐回归"(Happy Returns)和西洋蓍草"金色加冕"(Coronation Gold)。

红色花可以吸引蜂鸟，在黄花周围可以种植美国薄荷茶属、"剑桥红"和红色波斯菊。

芳香植物会吸引蝴蝶、蜂鸟和蜜蜂，种植天蓝绣球、松果菊、gayfeather和烟草花。

在靠近花园前部的地方，增添一些质地粗糙、叶色丰富的植物，例如珊瑚钟"紫色宫殿"(Purple Palace)和厚毛水苏。

在植物之间铺设3~4英寸（约75~100毫米）厚的覆盖物，例如树皮碎片，保证覆盖物距离植物的距离大于至少2英寸（约50毫米）。

如 何 做
水源的供应

为了使鸟类能更容易地使用水盆，在中央放一石块，使其顶部高出水面1英寸。经常换水保持水质的洁净。鸟类也常被流水的声音所吸引，为了模拟水流溅落的声音，在枝条或立柱上悬挂一个装满水的葫芦瓢、牛奶壶，或其他类似的容器。在容器下放置一个平滑的大石块、碗或是水盆，在容器上打一个小洞，使水滴能缓缓地滴到下面的石块上或碗中。

蝴蝶喜欢从潮湿的泥土或碎石中吮水，这样可以同时吸到土中的水分与盐类，因此可在附近保留一小块潮湿的裸地，或在一个碗中装满湿沙或小石块，并撒上一些泻盐（Epsom salts）。

备选方案

吸引野生动物的植物

不同的鸟类与蝴蝶喜欢不同的植物。有些鸟类，比如山雀，喜欢大量产种的植物，例如太阳花。其他的鸟类，包括许多鸣禽则需要繁茂的灌木丛作为它们的栖息处。有的蝴蝶喜欢蛇鞭菊，而有的更喜欢松果菊的花朵。吸引野生动物到花园来的一个最简单的方法就是种植各种具有不同花形、花色和花期的植物。其中至少有某些植物能够提供种子作为鸟类的食物。对于蝴蝶，可以栽种那些蜜源植物，例如丁香属植物和凤仙花属植物，包括皱叶欧芹与金鱼草，还是毛虫们所钟爱的植物。另外要记住，野生生物不仅需要从植物那里得到食物还包括栖身处，因此在你的庭院中还应种上乔木与灌木。

如果你想吸引某种特别的动物，寻找是否有它喜欢的植物，比如大蝴蝶，它们将卵产在马利筋上，蜂鸟则容易被红色的管状花吸引。

为保护野生生物，不应使用杀虫剂或者其他农药，即使是一些有机杀虫剂，如苏云金杆菌 (Bt) 也会带来危害。幸运的是，如果你种植了多种多样的植物，就会吸引一些益虫的到来，它们将会抑制某些有害的生物。

醉鱼草属
Buddleia spp.
株高 8～12 英尺
适于气候带 5～9 区
灌木，分枝细长，叶矛状、灰绿色。花紫色、淡紫色、红色和白色，有浓郁的香味，夏季至秋季开放。喜全光，喜肥沃排水良好的土壤，适度潮湿。

五色梅
Lantana camara
株高 3～6 英尺
适于气候带 8～11 区
速生变种，叶片绿色，有香味，茎上有刺。花管状簇生，有紫色、红色、黄色和白色，夏季至秋季开放。喜全光；喜肥沃且排水良好的土壤，适中湿度。

'德尔塔' 草地福禄考
Phlox maculata 'Delta'
株高 2～3 英尺
适于气候带 5～8 区
多年生植物，茎直立，绿色叶片，如矛状。花紫罗兰色、粉色或白色，有淡淡的香味，春季开放，喜全光，喜肥沃且排水良好的土壤。适中湿度，小花相继开放，秋季修剪至地面高度。

蛇鞭菊 '小鬼'
Liatris spicata 'kobold'
株高 2～3 英尺
适于气候带 4～9 区
茎强健、叶片狭长、深绿色，头状花序聚集小花多数，夏季自上而下开花。喜全光；喜排水良好的潮湿土壤。

金光菊
Rudbeckia fulgida
株高 2～3 英尺
适于气候带 4～9 区
多年生植物，茎部近圆形。叶绿色、有毛，茎柔软。花黄色，与雏菊类似，有同黑眼苏珊小檗的香味。喜全光，耐半阴，喜排水良好，中等湿度，施适度有机肥的土壤。

名 词 解 释

Acid 酸性土 pH值低于7.0的土壤。微酸性土壤适于大多数植物。pH低于5.5的土壤对于许多植物而言则太酸。

Alkaline 碱性土 pH值高于7.0的土壤，与酸性土相反，也叫无酸性土。

Annual 一年生植物 指发芽、生长、开花、结果与死亡的全过程在一年内完成的植物。

Arbor 凉亭 一种花园装饰，具有一个顶部和开敞的四周。通常利用蔓性植物装饰。

Auger 螺丝钻 一种用来在地上钻洞的机器或工具。

Band Saw 带锯 一种做木工用的电锯，由一条金属齿轮带围绕两个轮子组成。

Biennial 二年生植物 在上年发芽生长，越冬后开花、结果和死亡的一类植物。

Cement 水泥 一种由石灰和其他矿物的粉末组成的混合物，与水混合发生凝固。用作灰浆或混泥土中的键合剂。

Circular Saw 环锯 一种用作切割木头或金属的电锯，由高速转动的带齿轮盘构成。

Clay 黏性土 由很细的土壤颗粒组成的土壤。这种土壤容易板结，排水不良，需加有机质改良。

Compost 堆肥 由腐烂的动植物堆积而成的有机物。

Concrete 混凝土 一种由水泥、砂子、碎石或砂砾、水组成的混合物，用来建造地基、台阶、步道等等设施。

Crown 根颈 地上部与主根相连的地方。从植株上出现叶的生长点。

Cultivar 品种 通过人工选择和扦插、分株等营养繁殖后得到的一群个体。

Deciduous 落叶树 秋季落叶、春季萌发新叶的一类植物。

Division 分株 将一株植物通过瓣开或切开拥挤的根丛、鳞茎或球茎，分成若干较小株丛或子球的技术。

Dormant 休眠 植物的一种"休息"状态，如多年生植物地上部分以枯死状态的越冬方式。

Drainage 排水 水通过土壤逐渐移动的现象。与坡度、土壤类型、结实度等因素有关。

Erosion 侵蚀 因水流或风力的作用使某一地区表土移动的现象。

Evergreen 常绿植物 经历多个生长季仍保留绿叶的一类植物。

Flagstone 石板 用于铺路的一类平坦的石块，或由某类岩石劈成的这种石块。

Foundation 地基 房屋的基础部分。位于地面以上或部分伸入土中，常由混凝土或混凝土砌块建成。

Grade 坡度 描述某地倾斜程度的指标。平地的坡度为零。按级平整土壤，使之略有坡度，有利于住宅排水。

Ground Cover 地被植物 在不喜欢或不适合种植草类的地方种植的任何植物，如灌木或其他材料。通常用于覆盖陡坡或石阶。

Hardy 耐寒性 描述植物在冬季抵抗严寒能力的指标。

Herbaceous 草本植物 具有少量或不具有木质部分的一类植物，在寒冷的冬季，这类植物的根上部分出现凋谢现象。

Humus 腐殖质 施入土壤以改良土壤结构，增强土壤通气保水能力的腐熟有机质。堆肥、泥炭、腐烂叶片、稻草、堆积的树皮和腐烂锯末是不同类型的腐殖质。

Landscape Fabric 景观地布 一种仿制编织网，使水能够渗入土壤中，并形成一个机械屏障，防止步道或高床等处杂草滋生。

136

Lattice **格子架** 呈十字形的板条构筑物，用作屏障。

Level**水平仪** 一种用于木工活的木板、板条或其他木质结构，具有精确的水平性能。木工水平仪是用于检测线条是否水平。

Lime **石灰** 一种常用来调节酸性土壤使 pH 值升高至正常范围的含钙化合物。最适合庭院调整的石灰叫做农用或园艺石灰，由石灰石磨碎而成。

Marginal Plant **镶边植物** 生长在池塘边缘和水流岸边的浅水区或潮湿土壤中的一类植物。

Microclimate **小气候** 在大气候下，局部有些因子如遮荫、湿度和曝晒程度不同于周围其他地区的气候。

Miter **斜接** 将两块切割的木块按照一定的角度连接，并使它们互相切合。

Mortar **灰浆** 一种水泥与砂子的混合物，用来粘合砖块或石头。

Mulch **覆盖物** 铺撒于土壤表面，可用来保持土壤湿度，调节土温，抑制杂草生长的各种材料。

Pavers **铺地砖** 用来铺设人行步道的特制砖块或混凝土预制块。铺地砖虽然比建房用砖薄，但材料密实，能承压抗裂。

Peat Moss**泥炭藓** 将各种苔藓混合在一起，用于土壤改良的一种腐殖质类型。

Perennial **藤架** 一种设置在走道上的凉亭或架空结构，用以天井或平台处的遮荫或掩蔽。

Pesticide **杀虫剂** 用于杀灭昆虫，控制病害或两者兼有的物质。内吸性杀虫剂能被植物吸收，成为植物的一部分。食用植物不能施用这种杀虫剂。杀虫剂上的标签说明了该药剂适用的植物。广义的杀虫剂包括杀灭昆虫的杀虫剂和控制真菌病害的杀菌剂。

pH pH值 衡量土壤酸碱性的指标.范围从 1.0～14.0。7.0 代表中性，低于 7.0 为酸性，高于 7.0 为碱性。

Plumb**铅锤** 木匠用来测定木板或桩子是否垂直的工具。

Pressure-Treated Lumber **高压处理的木材** 在高压下经过化学处理过的木头，可以防止木材的腐烂、生虫和其他途径的变质。这种木材在使用前要涂上保护层。

Pruning **修剪** 剪除植株不需要的枝条的过程。修剪可去除受损或有病害的部分，为植物整形或促使植物将营养向花芽供给，促进开花结实。

Reseed**重播（补播）** 某些植物具有散播种植并使其顺利的发芽和生长的能力。

Rootball**土球** 盆栽植物移栽时根与土形成的团状物。

Saber Saw**往复锯** 一种轻巧的便携式电锯，具有尖锐的往复式锯条。

Sand **砂质土** 由大颗粒的砂砾土组成的土壤。砂质土排水快，保水性差，要加腐殖质进行改良。

Soil Heaving **冻拔** 因土壤结冰与融化的交替而迫使植物、石头或其他物品抬高到土表的现象。特别影响幼龄植物的生长。

Swale **洼地** 一片地势较低的区域，特别是在潮湿的位置或沼泽区。

Tender **不耐寒植物** 易受霜冻影响的植物。

Toenail **斜钉** 借助倾斜的压力连接固定垂直桁条与水平桁条的钉子种类。

Transformer**变压器** 一种将电能从一条电路传输到另一条电路中的装置。

Woody **木本植物** 成年植物的茎干部分为木质的一类植物。

索　引

著作权合同登记图字：01-2001-3593 号

图书在版编目（CIP）数据

　景观设计与工程／（美）耶肖诺夫斯基等著：姚崇怀
等译.—北京：中国建筑工业出版社，2005
　（造园丛书）
　ISBN7-112-07212-3

　Ⅰ.景…　Ⅱ.①耶…②姚…　Ⅲ.①景观—园林
设计②园林—工程施工　Ⅳ.TU986

中国版本图书馆 CIP 数据核字（2005）第 012648 号

本套图书由 TIME LIFE 图书公司授权翻译出版

责任编辑：程素荣
责任设计：郑秋菊
责任校对：李志立　李志瑛

造园丛书
景观设计与工程
[美] 吉尔·耶肖诺夫斯基
　　　叶林·海因斯　　　　著
　　　姚崇怀　贾　莹　王彩云
　　　吴　威　李振芳　　　译

中国建筑工业出版社出版、发行（北京西郊百万庄）
新　华　书　店　经　销
北京广厦京港图文有限公司制作
北京佳信达艺术印刷有限公司 印刷
开本：889×1194毫米　1/20　印张：7⅗　字数：250千字
2005年10月第一版　　2005年10月第一次印刷
定价：**60.00** 元
ISBN7-112-07212-3
TU·6440（13166）
版权所有　翻印必究
如有印装质量问题，可寄本社退换
（邮政编码 100037）
本社网址：http://www.china-abp.com.cn
网上书店：http://www.china-building.com.cn

Zone Map

美国气候带分区图

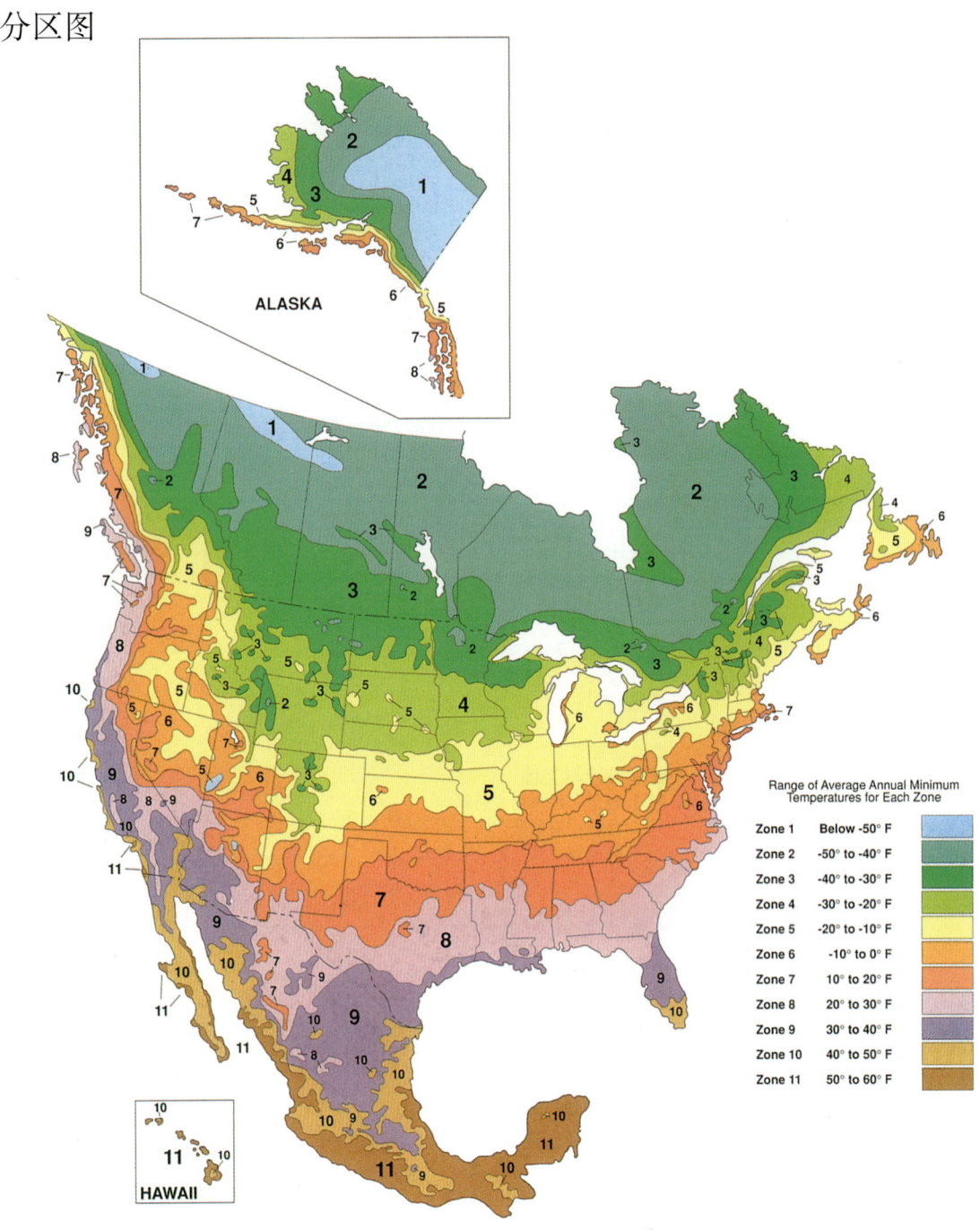

ALASKA

HAWAII

Range of Average Annual Minimum
Temperatures for Each Zone

Zone 1	Below -50° F
Zone 2	-50° to -40° F
Zone 3	-40° to -30° F
Zone 4	-30° to -20° F
Zone 5	-20° to -10° F
Zone 6	-10° to 0° F
Zone 7	10° to 20° F
Zone 8	20° to 30° F
Zone 9	30° to 40° F
Zone 10	40° to 50° F
Zone 11	50° to 60° F